경기 히든 수필작가의

늦가을에 피는
진달래도
봄을 기다린다

새 삶을 글로 여는 청춘 시니어

늦가을에 피는 진달래도 봄을 기다린다

초판 1쇄 인쇄 | 2025년 09월 08일
지은이 | 양영선
펴낸이 | 이재욱(필명:이승훈)
펴낸곳 | 해드림출판사
주 소 | 서울 영등포구 경인로82길 3-4(문래동1가 39)
　　　 센터플러스빌딩 1004호(07371)
전 화 | 02-2612-5552
팩 스 | 02-2688-5568
E-mail | jlee5059@hanmail.net

등록번호　제2013-000076
등록일자　2008년 9월 29일

ISBN　979-11-5634-645-6

이 책은 한국장애인문화예술원의 후원을 받아 2025년 장애예술 활성화 지원사업의 일환으로 발간되었습니다.

경기 히든 수필 작가의

늦가을에 피는 진달래도 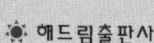봄을 기다린다

새 삶을 글로 여는 청춘 시니어

양영선 에세이

해드림출판사

머리글

귀하신 독자님께

    안녕하세요. 만나 뵙게 되어 정말 반갑습니다. 그리고 제 책을 선택해 주셔서 진심으로 고맙습니다. 수많은 책 중에서, 그중에서도 부족한 저의 글을 선택해 주신 독자님께 깊은 감사를 드립니다.

    부족하고 부끄러운 마음이 가득하지만, 용기를 내어 이 글을 쓰게 되었습니다. 온 마음과 정성을 다했어도, 독자님이 읽을 만한 글이 될까? 하는 의문이 가시지 않습니다. 하지만 이 글을 통해 독자님의 따뜻한 추억이 되살아나고, 힘을 얻어 새 출발이 될 수 있기를 간절히 바랍니다.

    저는 예상치 못한 고통과 어려움의 시간을 지나면서, 소중한 제 삶을 발견하게 되었습니다.

좌절, 소진, 무기력, 우울, 불면의 상황에 오래 머물면서 힘들었지만, 끊임없이 삶의 희망을 찾고 찾아 하늘빛으로 소생하며 내일을 향하게 되었습니다.

원하는 저의 삶을 살기 위해 이렇게 글을 쓰고 있습니다. 수많은 도전을 통해 참 나를 찾아가는 여정 속에서, 비로소 어렴풋한 한 길을 내다보며 견고히 기쁨으로 걸어가고 있습니다.

제 글에서 독자님의 마음에 공감이 싹트고, 그 공감이 희망을 낳고 서로의 다름이 각양각색으로 아름답게 꽃피기를 바랍니다. 독자님들의 삶이 더욱 멋지게 새롭게 시작될 수 있다면 더없이 기쁠 것입니다. 그 시작과 중심에 글이 있는 예술의 삶을 진심으로 응원합니다.

독자님과 삶의 진솔한 이야기를 글로 나누는 따뜻한 만남을 기대하며 응원하겠습니다. 진심으로 고맙고, 감사합니다. 사랑과 축복을 전합니다.

양 영 선 올림

차례

머리글 | 004 귀하신 독자님께

맺음말 | 284 꽃이신 당신 임께

하나, 가족은 내게

16	어느새 회갑
23	D 여고 앞에서
29	혜화역 2번 출구
36	참 나무 교자수
42	장모님과 철쭉
49	어머니와 홍시
56	아버지와 국수

둘, 자연 친구

68	찐 사랑 진달래
75	나눔이 자라는 텃밭
82	자연은 친구 산은 놀이터
88	오리 가족과 삶
95	늦가을에 피는 진달래도 봄을 기다린다
103	눈사람

셋, 행복도 건강도

116 수탉을 키운 병아리
124 학창 시절
131 군사우편의 인연
138 구포역 슈퍼맨
144 아오자이
150 웃음 무기
156 주열기(注熱器) 주애인(注愛人)
162 국선도와 몸 살림과 명상

넷, 시니어 청춘

174	인생 대학
180	잘 익는 노(老)하우
188	사랑인줄 알았는데
194	시속 30km
200	스마트폰과 나의 삶

다섯, 소소하고 특별한

212   초1의 특별수업
220   어르신 29살
228   쓰고 읽고 운다
236   고통이 피워 낸
245   빚진 자 빛인 자

여섯, 시편

256 나의 꿈
258 나의 꽃
260 나의 길
262 나의 힘
264 사랑
266 청춘 시니어

일곱, 독자 소감

270 내 마음속에도 피어난 진달래
273 따뜻한 울림 희망으로 꽃 피다
277 시니어에 도전과 감동
280 삶을 되찾은 선물

하나, 가족은 내게

"가족이니까~", "가족끼리"라는 말은 참 많은 의미를 담고 있다. 때로는 당연하게 여겨 그 소중함을 잊기도 하지만, 가족은 위로와 힘이 되기도, 짐과 상처가 되기도 한다. 피할 수도 뗄 수도 없는 숙명의 운명 공동체, 가족 없이는 우리의 삶을 이야기하기가 어렵다.

잘못했을 때 덜 혼내고, 잘했을 때 더 칭찬하며 지지해 주는 존재가 바로 가족이다. 언제나 내 편이 되어주는 따뜻한 이들이 있는 곳, 그곳이 가정이다. 당신은 가족, 가정하면 어떤 느낌이 드는가?

가정이 화목해야만 나도 행복할 수 있다. 자녀를 이해하려면 먼저 나를 알아야 하고, 나를 알려면 부모를 이해해야 한다. 배우자와 자녀, 부모와의 소중한 추억의 챙김이야말로 나를 알고 세워가는 여정의 첫걸음이다.

글로 쓰면서 후회와 아픔, 상실과 고통은 아쉬움을 넘어 그리움과 소망, 희망으로 승화되어 가고 있다. 나를 깊이 알아갈수록 가족을 더 사랑하게 되고, 가족을 사랑할수록 나를 더 깊이 알게 되는 그 일련의 삶을 나누고 싶다.

나무 두 그루가 모여 숲(수풀 림, 林)을 이루고, 세 그루가 모여 삼림(수풀 삼, 森)을 이룬다. 씨앗이 흙 속에서 싹을 틔워 줄기와 가지, 잎사귀와 꽃을 피우고 다시 씨앗으로 돌아가며 서로 연합하여 숲을 이루고 그 세계를 이어간다.

가족은 나무 한 그루 한 그루가 모여 이루는 숲과 같고, 사회는 그 숲들이 모여 이루는 삼림, 산림과 같다. 산림을 '살림'이라 읽는다. 곧 산림은 살아 숨 쉬는 동·식물들의 쉼터이자 원천인 자연이다. 그 자연의 축소판이 바로 이 땅의 가정이다. 나를 살리는 가족의 얘기를 나누려 한다.

어느새 회갑

"갑자(甲子)의 시작, 새 운세가 열린다. 회갑, 설렘인가? 불편인가?"

새해 첫날에 숙제가 생겼다. 누구에게도 쉽사리 말하지 못하고 혼자 끙끙 고민하다가 겨우 방향을 잡아본다. 폰에 'OOO안해님(안의 해님)' 저장된 이가 어느새 60번째 생일을 맞는다. 올 거 같지 않았고, 기대하지 않았던 일이다. 내 회갑 때는 걱정이 없었던 거 같은데 참 이상한 일이다.

무엇을 어떻게 해야 하나? 아내가 좋아할까 혼자 고민하다 한 생각이 떠올랐다. 흰 봉투 60장에 짧은 글귀를 하나씩 적고, 그 속에 신권 지폐를 넣어 목에 걸어주면 어떨까? 신권의 색깔을 놓고 고민이 커져 왔다. 평생에 처음인데? 그래도 내 분수를 알아야지? 방향을 잡고 나니 좀 편해졌다. 덤으로 아내가 좋아하는 포도, 오렌지, 딸기, 키위, 귤을 잔뜩 담은 과일바구니와 이 글을 담은 수필집을 안길까 싶다. 케이크, 꽃다발, 하트 발사, 시 낭송의 깜짝 퍼포먼스를 그려본다. 걱정이 이제 축하로 태어날 기대감에 설렌다.

 올해가 회갑이라고 아내에게 슬쩍 귀띔했더니, 놀라며 싫어한다. 이렇게 나는 참 눈치가 없다. 이제 50인가 싶은데 무슨 회갑이냐? 한다. 워낙 동안이라 누가 봐도 나이를 짐작하기 어렵긴 하다.

 처음 만났을 때는 애칭을 불렀고, 부모가 된 뒤는 OO

엄마라 부르다가 이제 서로 '당신'이라 부른다. 한 나무의 두 줄기처럼 둘도 없는 절친이자, 사랑의 동반자다. "다시 고생하고 싶지 않아, 인생을 되돌아가고 싶지 않다"라고 아내가 말할 때는 마음이 뜨끔했다. 지난 세월, 육아와 남편 뒷바라지에 맘 놓고 잠 푹 자는 날을 별로 보지 못했다. 이제 자녀도 남편도 내려놓고 오로지 당신을 위해 살라고 자주 말한다. 사과하고 용서받을 일이 산처럼 쌓여, 요즘은 '사과'를 매일 씻어 준다. 그것으로 어찌 되겠냐 마는 나만의 스타일이다.

 신혼 초 명절에 큰집에 갔다가, 무슨 이유 때문이었지는 지금도 정확히 모르겠지만, 마땅치 않은 나의 행동 때문에 아내가 홧김에 집을 나가버린 적이 있다. 무작정 하천을 따라 훌쩍이며 걷는 아내를 뒤따르며, 쉴 새 없이 빌며 용서를 구했다. 한번은 애들 앞에서 싸우다가 아내가 아파트 중창문을 닫는 바람에 세숫대야로 때려 대야가 산산이 부서졌다. 기가 막혔던 그 상황을 서로 웃으며 위기를 넘겼다. 바라보는 애들 마음이 얼마나 겁이 났을까 생각하니 자식에게 죄인 같다. 수많았던 고비를 믿음으로 잘 넘겨줬고 요즘은 웃으며 얘기할 수 있는 부부가 되었으니, 추억으로 바꿔 준 세월이 고맙기만 하다.

기숙사 생활하는 딸아이를 보러 가다가 내가 낙동강 오리 알 신세가 된 적도 있다. 그날은 아내가 운전하고 내가 옆에 탔다. 화훼단지 앞에서 빨간불이라 뒷자리에 실어놓은 짐을 챙기려 잽싸게 내렸는데, 바로 그 순간 신호가 바뀌어 차가 쌩하고 출발해버렸다. 순간 너무나 황당. 폰을 차에 두고 내렸으니 연락할 방법도 없다. 새벽잠이 덜 깬 몽롱한 정신으로 전력 질주했지만 어떻게 따라잡겠는가. 원망할 겨를도 없었다. 어둠 속에 숨이 턱까지 찼고 앞이 하얬다. 아뿔싸. 그런데 저 멀리 어둠을 뚫고 누군가 막 달려오며 나를 부르고 있었다. 그 극적인 상봉을 어찌 다 표현하겠는가. 요즘 같았으면 그냥 그 자리에 앉아 있거나 슬슬 걸었을 거다. 이렇게 늘 곁에서 나를 지켰던 아내다. 늘어나는 흰머리와 깊어지는 주름에 속수무책인 내 모습이 자꾸만 작아진다.

둘이서 "그거 있잖아, 그거…… 말이야" 하는 깜빡깜빡이 많이 늘어났다. 이해하지만 기쁘지 않다. 건망은 치매와 다르다고 서로 위로한다. 내가 건망증이 있는 것은 어쩔 수 없지만, 아내가 그런 모습을 보일 때는 유독 마음이 아프다. 작년에는 내가 몸이 아프면서 아내를 심하게 고생시켰다. 상상하지 못했던 초유의 일들을 많이 겪었다. 나이 들어 아내 덕분에 살아감을 느끼니 미안함이 더욱 커간다. 이제는 행복하기만 해야 하는데, 나는 나대로 고민이 가시지 않는다.

소울메이트 아내가 자주 들려주는 하늘, 땅, 달, 별, 구름 창조 이야기는 언제 들어도 새롭다. 자연과의 교감, 영감이 나를 다시 숨 쉬게 한다. '조화로운 삶'을 위해 다시 태어날 날을 기념하며 기대하고 또 기도한다.

아내의 회갑에 나의 회갑, 형제의 회갑, 부모님의 회갑까지 스쳐 지나간다. 훗날 자녀들의 회갑은 어떤 모습일까? 그때 내가 좀 챙겨줄 수 있을까? 하하. 계절이 이어 돌듯이 인생도 이어 돌고, 여기서 저기로, 땅에서 하늘로, 순간에서 영원으로 끝없이 이사한다고 믿고 싶다. 인생이란 나무의 옹골진 쌍 줄기가 된 아내와 오랜 날을 같이 보며 같이 걸으며 같이 나누고 싶다. 내가 좋아하는 진달래꽃 시심으로 아내를 생각한다.

♡ 진달래꽃 당신 ♡

1월, 내 인생의 시작, 가정을 세워줘서 감사해요
2월, 딸 아들의 좋은 엄마가 되어줘서 감사해요
3월, 부모의 역할을 같이 잘 감당해줘 감사해요

4월, 진달래 향을 내게 보여 준 당신을 사랑해요
5월, 싱그러움 햇살을 비춰 준 당신을 사랑해요
6월, 녹음방초 산길을 헤쳐 준 당신을 사랑해요

7월, 엄마로 아내로 영글어준 당신을 축복해요
8월, 남편의 쉼터, 힘이 되어준 당신을 축복해요
9월, 풍족한 비로 가족을 돌본 당신을 축복해요

10월, 좋은 열매 맺도록 숙여 준 당신께 감사해요
11월, 오색 단풍잎으로 기쁨 준 당신께 감사해요
12월, 백옥같은 첫눈 소망이 된 당신께 감사해요

D 여고 앞에서

"D 여고 앞을 지날 때면, 벅차오르는 감정에 잠시 멈추고 그때를 생각하게 된다. 나에게도 고교 시절은 영원처럼 느껴지기 때문일까?"

나에게 생명의 신비를 안겨 준 딸아이는 학업 부담이 큰 고교 시절에도 선물과 용돈, 유머, 그리고 마음을 담은 깨알 같은 편지로 감동을 주었다. 지금이라도 저만치서 나를 부르며 달려올 것만 같은 딸아이 생각에 잠긴다. 학교로 향하는 길목에 개나리가 피고 벚꽃과 목련도 피었다. 인생에 다시없을 그때 그 계절이 여고 봄날 아니겠는가? 이런저런 생각에 잠겼다가 초록 불이 켜지자 서둘러 가속페달을 밟는다.

 지적인 호기심이 남달랐던 딸아이는 눈부시게 성장했다. 좁은 원룸과 기숙사에서 얼마나 힘들었을까 생각하니, 마음이 아려온다. 나를 닮은 부분도 있고, 다른 면도 많다. 감정 조절에 서툴렀던 아비의 부족함으로 인해 서로에게 상처를 주었던 시간 들, 이제 와 그때를 마주하려니 여전히 마음이 저릿하다. 불리하면 "기억이 안 난다."라며 회피하다가 이제야 사과하려니, 다 자란 딸이 되레 새삼스러워한다. 사과를 미루지 않아야 했었는데…….

 딸아이를 생각하다 문득 나의 고교 시절이 떠올랐다. 그때는 뭐든 못할 게 없을 것 같았다. 공부만 빼면. 청춘의 아름다움도 그때는 미처 깨닫지 못했다. 먼 훗날, 추억으로만 되살아나는 아쉬운 시절이다. 하지만 돌이켜 보면 이제 남은 내 인생에서 오늘이 가장 청년이다. 하고

픈 것은 미루지 말고 해야 한다. 봄에 봄을 느껴야 가을에 후회가 없고 또다시 봄을 맞는다.

　부족했던 아비의 마음을 담아, 하양, 노랑, 연분홍, 보랏빛 삶의 꽃을 피워가는 딸을 응원하는 마음으로 썼다. 고이 묵혔다가 내 생일날 D 여고 앞 우체통에 넣어야겠다.

To. 하늘 같은 사랑, 딸에게

봄을 건너뛴 여름 같은 날씨에, 우리 따님 잘 있는지요? 오늘도 진종일 수고 많았네요. 밤이면 엄마랑 나누는 전화 목소리를 엿듣던 아빠가 오늘은 큰맘 먹었네요. 공개되면 어쩌나 가슴이 떨려와도 기회라 생각하고 담담하게 감사함으로 적네요. 꼭 해야만 하는 말이 있는 건 아니지만 일전에 찡했던 순간을 나누고픈 마음이에요. 다름이 아니라, 지난번 너를 만나고 돌아오면서 겪은 일 때문이란다. 1년을 훌쩍 넘겨 두 번째로 따님 만나러 설렘과 기쁨으로 갔다가 돌아오면서 어떤 일이 있었는지 모르지? 엄마에게 그날 밤 뉴스로 들었겠지만 어떻게 전후 사정을 알겠나 싶네.

10년 전 그때 기억하니? 입대하는 동생을 아빠가 손수 만든 '들꽃 꽃다발'을 쥐여주고 논산 훈련소에 떼어놓고 올라올 때 말이다. 카렌스 핸들 위로 하염없이 뚝뚝 떨어지던 그 눈물, 엄마와 너는 신기해하며 태연하게 웃었지. 국방의무를 먼저 겪은 아빠는 예고 없던 눈물이 와락 흐르더라.

이번에도 기차 안에서 눈물 훔치는 아빠에게 엄마가 휴지를 건넸지. 그럴 때 더 눈물 나는 거 있잖아. 너와 손을 흔든 뒤 솟는 눈물 콧물을 누가 쳐다볼까 봐 고개를 젖히고 흔들어 봐도 소용없었어. 편지를 쓰는 지금 또 그 눈물이 살짝 비치네. 허허 참 이상도 하다. 내가 왜 이러지. 눈물샘이 고장 났나 봐. 남들은 눈물이 안 나서 고민이라는데. 예상도 안 했는데 말이다. 내 마음 나도 모르겠더라. 이런 아비 맘, 그 어떤 드라마에 비하겠냐? 카타르시스라면 (엉 엉엉) 바닥까지 뽑아내고 싶었단다.

독특하고 씩씩하며 지칠 줄 모르는 네가 세상 벽에 부딪혀 짊어진 삶의 무게가 얼마나 버겁니? 참 소식을 전하느라, 마감에 쫓겨 밤새우며 잦은 당직에도 효심인 너는 부모 걱정할까 봐 적성이라 재미있다지만 세상에 그런 일이 어디 있겠나 말이다. 설상가상, 이번엔 바라지 않았던 치과 치료로 대전을 오가는 통에 예기치 않았던 차량 접촉사고까지 겪었다니⋯⋯ 막무가내인 가해자와 부딪히는 세파에 나도 모르게 주체할 수 없는 눈물이 흘렸네. 녹록지 않은 삶을 이어 갈 딸이 마음에 훅 들어왔다네.

역 플랫폼에서 고이 접은 신사임당을 네 손에 쥐여줄 땐 갑작스럽게 놀랐지. 하늘에 계신 할머니가 42여 년 전 아빠에게 쥐여 주셨던 그 감정이 순식간에 되살아났다. 대물림되는 자식 사랑이 이런 건 가봐. 쥐여준 용돈을 뿌리치더니 이내 기쁘게 받은 효녀 우리 딸 고맙다. 이렇게 이어받은 사랑을 네가 만나는 한 사람 한 사람에게 조금씩 나누면 좋겠다. 순진한 아빠가 또 무리한 부탁하는구나. 아빠 마음이 딸 마음, 할 수 있거든 서로 사랑하는 게 우리의 사명 아니던가. 울고 부담되는 얘기만 해서 미안해, 이제 분위기 바꿉시다. 따님.

취재 길에 핸들 잡고 흘깃흘깃 보아도 야산에 핀 진달래 너무 아름답지? 아빠가 제일 좋아하는 참꽃 알지? 너를 위해 하늘에 부탁해 그곳에 심고 키워 달라고 했지(하하). 그러니 마음껏 만져보고 따 먹어도 보세요. 우리 집 김소월, 양 선샘의 시 '관악의 뒷산 진달래꽃 아름 따다 가실 길에 뿌리오리다. 살아서 눈물 많이 흘리리로다' 아빠의 딸 사랑 표현이지.
우리의 짧고 긴 날이 스쳐 가네. 너에게는 '하늘 같은 아빠'이고

싶었는데…… 아이구 이제 어렵겠지? 그래도 그날을 바라며 노력
하리라. 주절주절 내 얘기만 너무하네그려. 용서해요. 따님.
아빠에게 오늘도 딸 얼마만큼 보고 싶었냐고 묻고 싶지? 야 말해
뭐 하겠니, 당근 하나도 안 보고 싶었지(하하). 우린 거꾸로 소통하
는 부녀 사이잖아. 그래도 진짜 부탁하고 싶은 것 하나, '하루하루
자신을 칭찬, 격려, 사랑해 주세요'

지난 어버이날에 네가 준 선물을 껴안고 엄마 아빠가 함께 찍었던
사진, 기억하니? 그 사진에 담긴 집 뒤 관악산 진달래 향과 아빠
의 마음을 담아, 귀하신 딸에게 그것도 아빠 생일 선물로 바친단
다. 따님 덕에 웃음보다 찐한 눈물이 기쁨 되어 오늘을 또 살아간
다네. 혹 아빠 생각나면 살짝 펴 보게나. 널 위해 두 손 모은 엄마
아빠가 보일 거야.
세상에 하나뿐인 우리 딸이 세상 겨울 속에서도 봄날 같은 희망을 살도
록 하늘이 돕고 땅이 응원하며 온 가족이 축복해요. 사랑하고 사랑하며
사랑합니다. 따님 영원히

혜화역 2번 출구

"젊은이, 학생, 예술인, 관광객, 병원 이용객이 유달리 많은 혜화역, 이 역은 나에게 어떤 의미일까?"

혜화역 2번 출구는 젊음의 물결로 넘실거린다. 마로니에 공원, 연극거리, 카페거리 예술의 혼이 살아 숨 쉬는 곳, 계절마다 사람과 자연이 아름답게 어우러지는 곳이다. 젊음을 응원하는 푯말에 나도 덩달아 힘을 얻곤 한다. 홀로 노래하는 젊은이를 보며 '나라면 저렇게 할 수 있을까?' 돌아갈 즈음엔 그의 공연에 많은 이들이 모여 있길 바랐다.

예술회관 벽면에 쓰인 '예술은 삶을 예술보다 흥미롭게 하는 것'이라는 문구를 보는 순간, 마치 횡재를 발견한 듯 가슴이 벅차올랐다. 감격하며 사진을 찍어 마음속에 귀히 간직하고 있다. 오랜만에 하늘을 나는 듯해 청춘을 되찾은 느낌에 무료 공연에 마음마저 풍요로워졌다. 혜화역 계단 앞에 멈춰서서 바닥에 새겨진 동판의 먼지를 털어내고 사진을 찍었다. 이동권 보장을 외쳤던 장애인분들의 간절한 함성이 쩡하게 들려오는 듯했다.

하지만 혜화역이 내게 이토록 선명한 이유는, 대학로의 활기 외에도 2번 출구 근처에는 아들의 보금자리가, 3번 출구에는 학교와 직장이 있었기 때문이다. 신림동에서 대학 학부를 마치고, 연건동으로 와 의대와 인턴 과정을 마친 아들이 이제 세종으로 근무처를 옮겨 떠나게 되었다. 매서운 추위 속에 이삿짐을 실어 보내고 텅 빈 방을 치우는데, 그동안의 추억이 와락 가슴으로 밀려왔다.

사계절을 먹을거리와 침구를 챙겨 자취방을 오갔다, 옆집의 푸른 전원이 보이는 2층이라 덜 춥고 덜 더웠으며 좋은 주인분 덕분에 아들이 나름 행복한 시간을 보냈을 것 같아 감사했다. 지난 찜통 같은 여름날이 떠올랐다. 창문을 열고 찌푸려진 인상으로 웃통을 벗어던진 나를, 다려지기를 기다리는 셔츠들이 보고 있었으니 미안한 마음이 들었다. 군대 시절의 닦은 실력으로 셔츠의 구긴 몸을 말끔히 펴주면서 문득 '내 인생은 내가 이렇게 활짝 펼 수 없을까?' 하는 생각이 스쳤다.

세탁할 이불을 보자기에 싸 들고 오는 길에는 불볕더위를 공연의 열정으로 넘기는 젊음을 만났다. 젊음이 내뿜는 땀방울이야말로 그 자체로 진정한 예술이었다. 이렇게 온통 예술이 가득한 곳인데, 주말과 밤낮없이 일하며 쪽잠을 자고 전화 한 통, 카톡 한 줄 제대로 쓸 시간조차 없었던 아들 생각에 마음이 저렸다. 젊기에 감당할 수 있는 고생이라지만 아비의 마음은 아프기만 했다. 세상에 그 정황을 이해할 사람이 얼마나 될까 싶었다.

아들이 사 준 고등어구이의 뼈를 바르면서 복닥복닥했던 어린 시절, '냉장고와 고등어' 노래가 떠올랐다. 인근에 있는 낙산공원에 오르다 숨이 차서 갈까 말까를 망설이면서 갔다. 낙타산 정상에서 성곽 양쪽을 내려 보는 순간, 흘렸던 땀이 시원하게 느껴졌다. 추억도 행복도 결국 노력의 땀방울을 따라오는구나. 땀이 없다면 인생도 의미 없음을 깨닫게 되었다.

아들은 바로 이때쯤 더운 날, 논산 훈련소에 입대하여 세종에서 특수부대원으로 복무했다. 입대시키고 말없이 흘린 눈물, 혹한과 혹서기 훈련, 아찔했던 낙하 훈련까지…… 면회를 다니며 세종이라는 곳을 알게 되었다. 국방에 흘린 땀과 눈물이 배어 있는 그곳을 이제는 의사로서 새로운 시작을 위해 가게 된 거다. 삶의 새역사를 써 주길 바라면서 아직 가보지 못한 아비의 미안함을 마음 주머니에 담아 전해주고 싶다.

사랑하는 아드님, 어느덧, 키와 몸무게, 지식 지혜도, 나보다 훌쩍 자라 든든한 만큼 걱정도 함께 있단다. 늘 배우며 겸손하게, 부모 대하듯 모두를 섬기는 삶이 되었으면 좋겠구나. 아비의 노파심이 잔소리로 들리지는 않겠지?

무소식이 희소식이라고, 바쁘면 전화 자주 안 해도 괜찮다. 대신에 집에 올 때마다 아빠 등 좀 많이 비벼주렴. 누나는 안 해주고 엄마에게는 미안하니까 너밖에 없단다. 안 비벼주면 현관 비밀번호 바꿔버릴지도 몰라. 하하. 자주 비빌수록 마음이 부자(富者)인 부자(父子)가 된단다. 세로토닌, 도파민, 엔도르핀, 옥시토신 같은 행복 호르몬 부자 말이야. 나중에 손주 앞에서도 그렇게 비벼주면 좋겠네. 그게 살아있는 교육이지, 세상에서 가장 비싼 교육이 아니겠니? 하하.

누군가 그러더구나. 세상에 가장 무서운 벌레는 '대충(大蟲)'이라고. 하지만 늘 완벽하게 하려 했던 너였기에, 이제는 때때로 '대충' 해보는 경험도 가져 보길 바라네. 그래야 완벽하지 않은 다양한 사람도 이해할 수 있을 것 같아서란다. 지금껏 배움에 바친 젊음이 세상의 쉼이 되는 건강한 숲으로 자라는 시기라 생각되는구

나. 네 힘으로 하려 하지 않아도, 자연스럽게 되는 날을 맞도록 아빠가 기도하마.

네가 혜화역 2번 출구로 다시 돌아오는 날, 나도 혜화역 거리로 다시 오겠구나. 사람과 사람, 사람과 자연, 일상과 예술을 이어주는 이곳, 혜화역 2번 출구의 '이음' 건물 간판 글자가 더욱 또렷해져 왔다. 그때 마주치는 모두의 얼굴에 예술의 감동이 비치길 바라본다.

아드님, 건강 조심하고 이번 생일 때 이곳에 오면 낙산에서 야경 한번 보자꾸나. 학교와 병원이 내려다보이는 카페에서 '라떼'는 네가 사고, 네가 좋아하는 '샤인머스켓'은 아빠가 살게. 부자(父子)가 쏘아 올리는 '라떼샤인'의 불꽃 파노라마를 멋있게 펼쳐 보자꾸나.

아드님이 지구촌에 뿌린 봉사의 씨앗이 자라 예술로 꽃필 마로니에 숲을 그리면서 말이다.

그러기 위해서는 무엇보다 잘 먹고, 잘 자고, 일은 놀이처럼 즐겁게 하기를 바란다. 무엇이든 재미있어야 오래 할 수 있고, 그래야 삶에 아름다운 꽃도 피고, 풍성한 열매도 맺을 수 있단다. 아빠의 이런 상상이 현실이 되는 날을 바라며, 아들 오늘도 조심하고. 늘 고맙고 미안하다. 곧 만나자.

참나무 교자수

'참나무는 종류가 참 많다. 그렇다면 '교자수'는 어떤 종류의 참나무이길래 내게 이토록 '참(眞)나무'로 다가오는 것일까?'

집에서 몇 발짝 나서면 오래되고 튼실한 참나무 한 그루가 서 있다. 대부분 참나무는 지상 줄기가 하나에서 둘로 나뉘는데, 이 나무는 특이하게도 줄기가 셋이다. 높이는 덜 자랄지라도 그늘이 풍성하고 삼발이 모양의 줄기들이 서로 손잡아 친근해 보인다. 나무에 말을 걸며 쓰다듬는데 그 나무의 이름은 나 혼자만 안다. 내가 직접 이름을 지어주었기 때문이다. 내게 특별한 의미로 다가와 이름을 부여받은, 참 교목이다.

처가에는 아래로 처제와 처남이 있다. 뿌리에서 뻗어 나온 줄기와 가지, 잎사귀들이 햇볕을 차지하기 위해 쟁탈하기 쉬운데, 사랑으로 서로를 함께 나누는 보기 드문 삼 남매다. 그래서 셋 이름의 끝 글자에서 한 글자씩 따와 이 나무의 이름을 지었고, 이름의 내력을 아는 나로서는 스스로 흐뭇해했다. 그 이름이 '교·자·수'이다. 뿌리가 되는 어머니의 영양으로 어렵게 자라 이제 세 가지가 튼실한 줄기로 성장했다. 그 교류에서 풍기는 향기가 참으로 아름답다. 세 겹으로 얽혀 있기에, 안팎의 어려움 속에서도 외롭거나 멀어지지 않는 모습을 볼 때 큰 기쁨을 느낀다.

바쁘고 힘든 상황 속에서도 늘 봉사와 섬김, 나눔에 애쓰는 삼 남매다. 주말 저녁에 줌(Zoom)으로 성경을 공부하며 삶을 나누는 아름다움은 무엇으로도 표현하기 어렵다. 형제애로 깊이 소통하는 모습이 참 부럽다. 나도 그 자리에 끼고 싶다고 말해 놓고도 정작 초대하면 나는 '성(姓)과 혈액형'이 다른데 하면서 어색하게 물러선다. 나이 든 내가 괜히 혹시라도 남매간의 깊은 속 얘기에 누가 될까 싶어 되도록 자리를 피하지만, 그래도 얘기가 들려오곤 한다. 정치인 얘기가 나올 때는 의견이 나뉘어 남매의 의가 나뉠까 불편하기도 하지만, 이내 화제를 돌리고 웃음을 이어간다. 이 모든 것이 믿음의 유산 덕분인 것 같다.

믿음을 물려받은 아내는 목소리도, 찬양과 기도도 맑다. 그 영적인 힘으로 하루하루를 살아간다. 성경에 깊이 빠져 밥보다, 일보다, 그 무엇보다도 말씀을 우선하는 듯하다. 성경에 궁금한 부분은 같이 얘기를 나누니 서로 영적으로 마음이 잘 통하는 짝이 되었다. 하늘나라는 죽어서 가는 곳이 아니라, 살아서 지금 여기서 누려야 한다고 생각한다. 그래야 죽을 때 자연스럽게 그쪽으로 이

사 갈 수 있지 않을까 싶다. '내일이 아닌 오늘, 지금 그렇게 누려야 한다.'라고 나를 다독이며, 약한 믿음이라도 굳게 부여잡고 그 길에서 벗어나지 않으려 애쓴다.

나는 식물을 좋아하지만, 안타깝게도 잘 키우지는 못한다. 노인정 수업 때 '스파티필름'을 받아 온 정성을 다했지만 외로워 보였다. 그러던 차에 글쓰기 수업 때 '안스리움'을 받아왔고, 부부처럼 나란히 앉혀두고 듬뿍 관심을 주고 있다. 먼저 이름부터 지어주고 싶어서 썼다 지우기를 반복하다 '싸부화'로 정했다. 꿈보다 해몽이듯, 이 이름에는 나름 깊은 의미를 담았다. '싸'는 부드럽게 감싸는 사랑을, '부'는 부활, 부부, 부유, 부모의 뜻을, '화'는 화목, 화평, 화안(화사한 얼굴), 그리고 꽃 화(花)를 담았다. 또한 '사부(師父)'는 스승을 의미하고, '부화(孵化)'는 생명의 탄생을 뜻하기도 한다.

꾸미지 않는 아름다움을 지닌 '안스리움'은 하트 모양의 녹색 잎과 빨강, 흰색, 노랑의 조화가 환상적이다. '스파티필름'은 세심하게 감싸는 사랑처럼 느껴지며, 집안의 유해 공기를 다 먹는 것 같아 참 고맙다. 이 아이들을 잘 키워야 할 텐데, 의욕에 새로운 과제가 생겨났다. 그래서 식물 수업 갔다가 또 '시클라멘' 한 쌍과 '튤립'을 선물 받아 이름 지어주니, 어느새 대가족이 되어간다. 이름을 짓다 보면 그 존재를 참으로 사랑하게 된다. 작명은 사랑을 표현하는 창작 예술이다.

성명(본명)은 남이 나를 부를 때, 내가 나를 적을 때 주로 많이 사용한다. 이름이 때로는 운명이나 숙명처럼 와닿기도 한다. 이름대로 살기가 쉽지 않다. 이름이 좋기도 하고 싫기도 한데, 어쩌면 내가 직접 지은 것이 아니라, 부모님이나 남이 지어주었기 때문은 아닐까 싶다. 내 본명은 '길이 베풀다'라는 뜻이 담겨있다. 여자 이름 같아서 웃긴 사연도 많지만, 내가 내게 직접 이름을 지어주고 싶었다. 그 필명이 바로 '선샘'이다. '선'은 SUN(태양), 하늘, 베풂의 의미를, '샘'에는 선생, 그리고 샘물을 담았다. '마르지 않는 선(善)의 샘'처럼, 필명대로 살고 싶은 소망이 나의 좌우명이 되고 있다.

내 이름을 지은 부모의 사랑을 아직도 온전히 알지는 못한다. 이름을 짓는 이의 기쁨 또한 직접 지어 보지 않으면 잘 모를 것이다. 작명은 부모의 마음, 나아가 신의 마음을 느껴보는 일이다. 이렇듯 내 이름에서 찾아보는 사유는 삶의 이정표가 되어 나를 여기까지 이끌어왔고, 앞으로도 계속 이끌어 갈 것이다.

가족의 이름을 다시 한번 살펴보고, 반려동물이나 반려식물에게도 이름을 지어 다정하게 불러주고, 산과 들의 초목과 꽃들에게도 이름을 찾아 불러주며 이야기 나누어보면 어떨까? 생각해 보니 할 일이 자꾸만 많아졌다. 이 일을 다 마쳐야 하늘에서 데리러 오겠지? 억지 욕심을 내는 내 모습이 문득 쑥스럽게 느껴진다.

장모님과 철쭉

 "둘도 없는 이와의 추억, 그분은 영원하다. 화려한 축제 속 철쭉 같은 우리가 하늘에서도 환히 보일까?" 그리움이 피어난다.

 산수유, 개나리, 벚꽃, 진달래, 철쭉이 동산을 물들이는 봄이다. 돋아나는 새순이 햇살에 초록 별처럼 반짝이는 생명이 약동하는 계절, 봄은 유독 짧게 느껴진다. 그래서인지 청춘의 봄날을 더 강렬하게 그리워하게 된다.

 특히 철쭉이 흐드러지게 피어날 때면, 철쭉동산 포토존에서 단둘이 찍었던 내 가슴속의 사진 한 장이 떠오른다. 활짝 피지 못한 철쭉 봉오리를 볼 때면 그 그리움이 더욱 깊어진다. 마치 꽃봉오리처럼 내 마음에 있는 그분이 생각나기 때문이다.

 일찍이 홀몸으로 믿음 안에서 삼 남매를 키우셨던 분. 손에 잡고, 가슴에 안고, 등에 업고, 머리에 삶을 이고 오셨을 그 일생이 눈앞에 선연히 그려진다. 처음 뵈었을 때 얼마나 고우셨던지, 고생과는 거리가 먼 분처럼 보였다.
 결혼식 날 폐백도 제쳐두고 식당으로 달려갔던 사위, 오죽 배가 고팠으면 그랬을까 싶어도 장모님은 얼마나 찾으셨을까? 신랑 다루기, 웃으며 발바닥을 내리치는 삼촌들 틈에서 "장모님, 살려주세요!" 외쳤던 어제의 추억이 생생하다. 다시 부르는 간절함이 하늘에 닿아 오늘은 꿈에 오실 것만 같다. 장모님의 함자는 묘하게도 옛날 그 여인의 이름과 같아 더욱 아련하다.

 '사위는 백년손님, 사위 사랑은 장모'라는 옛말은 새 식구를 맞는 복잡 미묘한 마음을 일러준다. 나는 처가에

손님으로 간 적은 없다 싶은데, 장모님은 바쁘고 경황이 없으셔 손님 치듯 하시지 않았을까 하는 마음이 든다. 명절에 차가 밀려 14시간을 달려 새벽에 도착했던 때도 있었다. 기다리시느라 얼마나 마음 졸이셨을까 싶다. 앞차의 불빛만 보고 눈이 따가운 줄도 모르고 기쁨으로 달려가 뵈었던 장모님이셨는데 이제는 그런 운전도 할 수 없게 되었다.

봄꽃놀이, 단풍놀이에 어우러져 다니는 어르신들의 모습이나 노인정 수업 소통 속에서도 장모님은 문득문득 내게 찾아오신다. 뜨거운 아픔을 뒤로하고 하늘 문을 여신지가 오랜 시간이 되었다. 왜 그리 빨리 가셨을까? 보고픈 후회에 나를 다독여 본다.

장모님은 흙냄새와 풀, 꽃뿐만 아니라 텃밭 가꾸기, 미물까지 자연을 사랑하셨다. 바위틈에서 어렵고 힘들게 버티는 나무에 눈길을 오래 두셨던 모습은 나와도 닮은 듯하다. 같이 오르며 사진을 찍었던 그 바위, 전망대에서 찬바람을 노래로 달래던 일들이 기억난다. 생명을 사랑하고 내게 생명을 주셨던 분이기에 그 그리움은 꼬리에 꼬리를 물고 이어진다.

또다시 봄을 마주한다. 나의 시간은 재빨리 흘러가는데, 장모님과 같이 찍은 철쭉 사진은 시간에 멈춰 서 있다. 피겨 여왕의 조형물이 있는 광장과 선수가 졸업했다는 S고를 지나며 나누었던 이야기들이 아련한데, 장모님은 옆에 계신 듯 안 계신 듯하다. 이제는 내가 묻고 내가 답하는 이야기를 나눈다. 대답하지 못할 질문도, 울컥하는 이야기도 터져 나온다. 천국에서 장모님을 웃겨 드리려면 더 배우고 어려져야 하는가 보다. 어쩌면 나이를 거꾸로 먹어야 하는 이유가 여기에도 있다.

포대기에 싼 손녀, 첫아이를 가슴으로 대단하게 키우신 할머니이자, 엄마, 그리고 믿음의 본이셨다. 힘든 병과 함께 하시면서도 싫은 표정이나 아픈 내색도 거의 하지 않으셨다. 칭찬, 격려, 위로의 말씀을 많이 주셨을 텐데, 특히 기억나는 두 말씀이 있다. 가누기도 힘든 몸으로 침대에 기대어 "아범, 밥 먹었냐."라며 챙겨주라 하시던 말씀과 "이러고 싶지 않았는데~" 하시면서 휠체어에서 몸을 일으키며 힘없는 팔로 내 목을 껴안으실 때였다. 그때 부드럽게 더 자주 안아 드릴 걸 하는 후회와 미련이 남는다. 자식에게 짐이 되지는 않으려 하셨던 그 마음을 그때는 헤아리지 못했음이 부끄럽다. 내리사랑만 받고 치사랑에 부족했던 내가 내리사랑 실천에도 서툴다는 것을 깨닫는다. 사랑을 퍼주려면 내 안에 빨리 사랑을 채워야 하는 또 하나의 과제가 생겼다. 그래서 또 하늘을 본다.

'흑암의 권세에서 건져내사 그의 사랑의 아들의 나라로 옮기셨다.' 자녀들이 새겨 바친 비문에는 후손의 이름이 뒷면에 새겨져 있다. 철 따라 화사하게 핀 꽃으로 당신을 기억하며 찾는 자녀들을 하늘에서 지키시는 듯하다. 쉬어 가라고 따사로운 햇살을, 그만 돌아가라고 먹구름과 비도 비추신다.

"어머니, 거기도 봄꽃이 보이나요? 활짝 핀 철쭉과 진달래 양손에 들고 갈 테니 받아들고 천국에서 함께 춤추어봅시다. 늘 마음에 두고 빠뜨렸던 말. 사랑하고 존경합니다." 하늘 통신으로 이 마음을 쏘아 올리며 차에 오른다. 하늘 부모가 함께하는데 차가 밀리든 안 밀리든 그것이 무어 그리 대수겠는가.

장모님은 세상이 줄 수 없는 믿음을 주셨다. 이전에는 믿음은 내가 믿어, 내가 붙잡는 것이라고만 생각했었다. 하지만 장모님을 통해 나보다 더 크신 분이 나를 붙잡아 줌이 믿음임을 발견하게 되었다. 아이의 작은 손이 엄마 손을 꼭 잡아서 넘어지지 않는 것이 아니라, 엄마의 큰 손이 아이를 잡고 있기 때문인 것처럼 말이다. 내가 스스로 자란 거 같아도 부모님의 희생과 많은 이들의 도움으로 자랐고, 지금도 그렇게 살고 있다. 이것이 우리가 서로가 손잡고 도와야 할 이유다.

나무가 자라 꽃피고 열매 맺음도 사람의 노력에 공기, 햇빛, 수분, 영양분 등 자연의 성장 환경이 모두 더해져서다. 나의 공로와 성취 또한 많은 이의 도움 덕분이다. 장모님 덕분에 사위가 있었다.
고맙고, 감사합니다. 평안하세요, 어머님.

어머니와 홍시

"불그스레 몰랑몰랑 오동통한 몸매, 껍질을 벗기니 부드러운 속살이 드러난다. 어린 시절, 때묻은 소매로 닦아 먹던 그 홍시 맛은 대체 어디서 온 것일까?"

감 따기와 홍시는 내게 잊을 수 없는 추억이다. 감나무 꼭대기에 오르면 세상이 모두 내 발아래 있는 듯, 마치 세상의 주인이 된 것만 같다. 지금은 엄두도 못 내지만, 그때는 손만 잡으면 어디든 올라갈 수 있었다. 나무에 올라 홍시를 따는 일은 우리 집에서 나만이 할 수 있는 특별한 일이었다.

따서 크고 잘생긴 감은 시장에 내다 팔았고, 모양이 좋지 않은 감은 농사일의 단골 새참이 되었다. 어머니는 긴 활대로 나무 아래서, 나는 나무에 올라 맨 꼭대기의 감을 땄다. "목 아프니 쉬면서 하라" 하시던 어머니의 목소리가 아직 귓가에 맴도는 듯하다. 이제는 아픈 추억으로 나무 아래 계신다.

군 전역 후 맞은 가을에도 어머니와 함께 감을 땄다. 그때 어머님께서 잘 익은 감을 골라 포장해 주셔서 장모님 댁에 가져갔던 추억이 생각난다. 그렇게 홍시는 내게 첫 조공품이 되었다. 그때 맛본 홍시 때문인지 아내는 지금도 곶감과 홍시 모두 좋아한다. 과자나 놀이기구, 번번한 휴식처나 공부방이 없던 시절, 그때 감나무가 그냥 감나무가 아니었다. 어머니와의 따뜻한 정을 나누었던 삶의 역사적인 문화예술 공간이었다.

내가 좋아하는 노래도 어머니의 이야기를 담은 '홍시'

이다. 그 노래를 듣다 보면 '울컥' 어머니가 곁에 오시는 듯하다. '눈이 오고 비가 오면 눈비 맞을세라, 세상에 넘어지고 사랑에 울먹일세라. 바람 불면 감기 들세라, 안 먹어서 약해질세라, 홍시가 열리면 울 엄마가 그리워지고 생각나고 보고파 지고 눈물이 핑 도는~~' 노래 가사처럼, 홍시와 어머니는 내게 뗄 수 없는 존재다.

이전에 노인정 강의를 나갔을 때, 어르신들께 홍시를 담아 드린 적이 있다. 어머니를 향한 사랑을 어머니 같은 분들께 나누고 싶은 마음에서였다.

내가 어릴 적에는 끼니를 얻어 드시는 분들이 계셨다. 제삿날이면 어찌 아셨는지 온 가족이 찾아오곤 했다. 그때마다 어머니께서 사발에 밥과 반찬을 담아주시면 마당 한쪽 벼 쌀 창고 지붕 밑에 날라드렸던 기억이 난다. 음식을 나누는 이웃집 배달 심부름과 방 청소, 감자 깎기는 늘 내 담당이었다.

자신의 모든 것을 자녀와 가족에게 바치신 어머니는 진정 '아낌없이 주는 나무' 나무와 같으셨다. 그 나무가 보여준 사랑의 깊이와 너비를 몰랐던 소년은 당연한 것으로 여기며, 자신의 길을 갔다가 탕자가 되어 되돌아온다. 삶의 토양이요 나무이셨던 어머니. 내게는 아직도 한결같은 사랑으로, 내가 돌아갈 수 있는 곳으로 남아 계신다.

생전에 어머니가 말씀하신 신체적인 증상이 단순한 노화가 아니라 질환의 조짐이었는데 그때는 어려서 그냥 흘러들었었다. 그때 잘 대처했었더라면 어머니의 생신을 몇 번이라도 더 챙겨 드릴 수 있었을 텐데 후회가 늘 남아있다. 어머니는 그 힘든 얘기를 나에게만 하셨을 텐데. 그런 속마음을 나에게만 털어놓을 수밖에 없었던 삶을 사셨기에 더욱 잊히지 않는다.

이전에 '엄마는 그래도 되는 줄 알았습니다' 시를 듣고 그때마다 눈물을 훔쳤다. '밭에서 종일토록 죽어라 일하고, 찬밥 한 덩어리를 부뚜막에서 드시고, 얼음물을 깨고 맨손으로 빨래해도, 배부르다 식구들 먹이고 굶으셔도, 발뒤꿈치가 헤어져서 반창고를 붙여도, 아버지가 화내고 자식이 애먹여도, 눈물로 밥을 드셔도, 한밤중에 우셔도, 엄마는 그래도 되는 줄 알았습니다. 아~ 엄마는 그러면 안 되는 것이었습니다' 시의 구절처럼, 어머니의 그런 희생적인 모습을 보고도 그때는 몰랐는데 이제 어머니의 나이를 살아보니 그 설움이 고스란히 밀려온다. 그래서 학창 시절 배웠던 정철의 시조 시구, '평생에 고쳐 못 할 일이 이뿐인가 하노라'가 가슴에 맴돈다.

어머니의 삶은 이 시보다 훨씬 더 고단하셨다. 외할머니께서 일찍 돌아가셔서 안 계시니 보고 싶다는 말조차 할 수 없으셨고, 외할머니 제사에도 마음 편히 가시지 못하셨다. 뒷방 툇마루 군불에 감자를 구우며 들려주신 한탄의 말씀은 내 마음에 아픈 씨가 되어 남았다. 자식인 내가 아버지, 집안의 가장이 되고서는 어머니가 겪으신 그런 환경을 만들지 않았던 게 그나마 나를 위로한다. 자식 키우기에 평생을 바치고도, 정작 당신의 영화나 쉼, 기쁨과 행복은 제대로 누리지 못하고 가셨다는 생각에 가슴이 먹먹해졌다.

"자식 많이 낳고 잘 살라"고 덕담하시던 결혼사진 외에는 어머니와 같이 찍은 사진이 없다. 마지막 손주인 내 아들에게 사 준 돌 반지 주머니를 어머니의 지문이라도 만지려 자주 쓰다듬게 된다. 이렇게 간절히 그리워하면 꿈에라도 오실까? 사시던 집 감나무 터에서 훌쩍 자란 손주들과 영상통화라도 한번 하고 싶다.

시험 날 아침, 깨워주지 않았다고 새벽부터 도시락 싸는 어머니에게 감사는커녕 짜증을 부린 일이 많았다. 그때 이러지도 저러지도 못하셨을 어머니의 마음을, 이제 내가 자식을 키워보고는 비로소 알 것 같다. 오랜 세월이 흘렀어도 어머니의 사랑 속엔 눈물과 한숨이 배어 있는 듯하다.

　나 또한 자식에게 짐이 되거나 후회를 물려주고 싶지 않다. 부모의 길은 언제나 힘겹다. 혹여 자식에게 섭섭한 마음이 들라치면, 이내 '언젠가 하늘나라로 갈 텐데'하고 생각하며 마음을 다스린다. 아픔과 욕심은 비우고, 그 자리에 기쁨과 추억, 희망을 담아보려 한다. '불안은 잠들고 꿈은 깨거라' 스스로 되뇌며 오늘을 전부인 양 살아보자고 다짐한다. 나그네 여행길에 나선 삶의 여정에서 어느 곳도 잠시 머무는 간이역일 뿐이다. 진정한 고향이자 종착역은 나의 토양이 되어주신 어머니가 계신 그곳, 바로 하늘이다. 그래서 자주 하늘을 올려보며 어머니를 품은 구름과 달과 별들과 얘기한다. 부르면 눈물이 앞서는 이름이기에, 차라리 글로 이야기하는 것이 편하다. 글을 쓰는 동안은 늘 함께하는 듯해 더없이 좋다.
　아~ 어머니, 우리 어머니, 나의 어머니.

아버지와 국수

결혼식에 가면 국수는 꼭 먹고 온다. 내게 국수는 그냥 별미의 음식이 아니다. 그것은 나의 소중한 추억의 매개이며, 아버지와의 사랑의 시작점이기 때문이다.

라면 광고와 그 맛은 어디 가도 따라온다지만, 라면이 나오기 전에는 국수가 있었다. 세상에 라면이 처음 나왔을 때는 라면을 아끼느라 국수와 섞어 삶아 먹기도 했다. 삼양라면 한 박스면 봄, 가을 농사일에 새참 걱정 없던 시절이 있었다. 국수의 긴 면발은 장수를 기원하는 의미를 담았고, 피난 시절의 음식으로 유명했던 부산의 구포국수와 돼지국밥처럼 어려운 시절을 함께한 음식이기도 했다.

내 생애 첫 국수 맛은 미취학 시절, 아버지의 두루마기를 잡고 따라갔던 친척 집 잔치에서였다. 모내기 때 새참으로 먹던 국수에 빗물이 우두둑 떨어져 국물 맛에 흙냄새가 느껴졌지만 그래도 최고로 맛있었던 국수 맛의 추억이다. 그때는 수확한 밀을 방앗간에 가져가 국수를 뽑았다. 불그스레한 긴 국수 면발을 작은 막대에 걸어 말렸던 방앗간 마당을 뛰어다니던 생각이 난다. 자취 시절에는 반찬이 없어 라면과 국수를 섞어 삶아 줄곧 먹은 탓에 한동안은 쳐다보지도 않았지만, 다시 국수가 그리운 것은 오롯이 아버지와의 추억 때문이다.

어릴 적에 기침하는 나를 데리고 뢴트겐(X레이)을 찍으러 병원을 데려가셨고, 한여름 들녘 찬물웅덩이에 잡풀을 헤치고 나를 안아서 찬물에 담가 더위를 식혀 주셨다. 입학식에 가다 넘어진 나를 일으켜 주셨고, 운동회 때 손잡고 달려 연필 한 자루를 타게 해 주셨다. 이발소가 흔치 않은 시절에 이발 기계를 사서 손수 머리를 깎아 주셨는데 머리카락이 뽑히는 통에 눈물을 찔끔거리기도 했다. 소죽 솥에 물을 끓여 그 안에 앉혀두고 때를 밀어주셨는데 춥고 아팠던 기억만 있어도, 그것이 그때 그 시절 아버지의 사랑이었었기에 한없이 그리워 온다.

물론 사춘기에는 갈등의 때도 있었다. 한번은 마루에서 이야기하다 내가 "자전거를 못 탄다" 버릇없이 말했더니, 아버지가 "원숭이도 서커스에서 자전거 타는데~" 하시며 자전거를 받아 마당을 몇 바퀴 도셨다. 놀랍기도 하고 괜히 계면쩍기도 했다. 달랑 영어 단어 몇 개 안다고 '영어를 내보다 못하지 않느냐'면서 핀잔했으니 식견을 몰라뵈는 철없는 자식이었다. 한문에 탁월하셨고 토정비결도 잘 보셔서 늘 동네 분들이 찾아와 운세를 보고 가셨다. 이름도 지어주고, 호적이 없어 학교에 못 가는 이웃의 이름도 등재 시켜 주셨다. 지적인 나눔을 아낌없이 베푸셨으니 재능기부의 선구자 같은 분이셨다.

'나는 어떤가?' 자식들과는 비교할 수 없는 영어 실력이다. 한자 실력은 좀 낫다고 해도 아버지의 실력에 비하면 턱없이 부족하다. 월사금 내서 공부시키고 쌀 팔아서 자전거 사 줬더니, 영어 못한다, 자전거 못 탄다고 투정하는 자식의 말에 얼마나 서운하셨을까. 자전거도 타고 싶으셨을 텐데…… 나였더라면 "이놈의 자식! 하하" 여러 번 그랬을 텐데 아버지는 말이 없으셨다.

그러시던 아버지가 나이 드시면서 서운함과 외로움을 털어놓곤 하셨다. 그때 비로소 '아버지가 나이 드셨구나' 하는 측은함에 사춘기 시절의 섭섭함은 눈 녹듯 사라졌다. 그 후 결혼하고 아이 키우며 아버지의 가실 길이 얼마나 힘드셨을지 미처 헤아리지 못했다. 좀 더 공감하며 들어 드리고, 좋아하시던 식빵도 사 드리고, 구경도 시켜 드려야 했었는데…… 감사 편지 한 통, 애정 표현 한 번 제대로 못 해드렸으니 그저 죄송할 따름이다. 추석을 앞

두고 갑자기 떠나신 아버지의 부재에 통곡했던 아픔도 수십 해를 거듭하니 옅어졌다. 세월이 약인가 싶어도 후회는 떠나지 않는다.

아버지의 연령대를 살아보며 비로소 아버지를 조금씩 알아간다. 되돌릴 수 없고, 다시 만날 날이 언제일지도 모른다. 꿈에 오시면 죄송한 마음을 씻고 감사를 표하며 '구포 소고기 잔치국수'라도 한 그릇 사드리고 세상 이야기를 나누고 싶은데, 꿈에도 오시지 않는다. 아픔도 기쁨도 모두 하늘에서 안으셨나 보다.

자녀들에게는 좋은 감정을 많이 남기는 아버지여야 될 텐데. 돌아보면 자녀에게 남긴 상처도 얼마나 많을까 싶다. 이제부터라도 성년이 된 자녀를 친구처럼 대하는 아빠가 되고 싶은데, 또 불쑥불쑥 듣기 싫은 잔소리를 묻지 않는데도 하곤 한다. '입은 닫고 주머니는 열라'는 얘기가 내 이야기처럼 와닿는다. 아버지와 자녀 모두에게 용서를 비는 마음이다.

　나에 대한 정체성의 소중함을 아시고 '족보'를 만드는 위업을 이루셨던 아버지. 자식으로 아버지가 손수 지어주신 이름에 맞게 살고 있는지 돌아보며, 내 자녀 또한 할아버지께서 지어주신 이름에 부응하는 삶을 살도록 돕는 것이 내 역할이라 생각하니 여전히 할 일은 많다.

　속담에 '열매를 보면 나무를 안다.'라고 했다. 나의 뿌리이자 나무이셨던 아버지의 열매로서, 열매답게 살아가는 삶이 나무이셨던 아버지께 드리는 보답이라는 생각이 든다. 나 또한 내 자식의 나무와 뿌리로서 그렇게 살아야지 다짐한다. 언젠가 3대가 한 나무 아래 모여 족보를 펴놓고, 물려준 것, 이어받은 것, 그리고 각자의 삶에서 꽃피운 이야기를 함께 나눌 수 있기를 소망한다. 아버지는 언제쯤 내 꿈에나 오실까?

　아~ 하늘에 아버지, 땅에 아버지, 고맙습니다. 감사합니다.

인생은

하늘과

땅과

나를

알아가는 것

그러나

알 수 없는

 # 독자 페이지

독자님에게 가족은 어떤 의미로 다가오는지요?
글이나 시, 그림으로 표현해 보시면 어떨까요?

둘, 자연은 내 친구

자연에서 왔다가 자연으로 돌아가는 게 삶의 이치다. 군중 속에서 고독을 느끼는 도시의 일상에서 자연을 친구로 삼게 되었다. 거창한 '자연인'의 삶은 아닐지라도, 뒷산과 대학 캠퍼스에서 만난 흙, 나무, 꽃, 새, 물, 바위들은 나에게 더없이 소중한 벗이 되어주었다. 하늘의 구름을 함께 바라보며 마음속 이야기를 나누는 시간은 그 어떤 '지란지교' 못지않은 교감을 선사한다.

이렇듯 자연과의 교감은 삶의 스트레스를 누그러뜨리고 마음에 평화와 안정을 가져다준다. 푸르름 속에서 온전한 힐링과 치유를 경험하고, 자연의 순환 속에서 삶의 선순환을 배운다. 눈과 귀, 코, 모든 감각이 깨어나기에 애쓰지 않아도 자연이 베풀어주는 혜택 속에서 풍요로운 영감을 얻는다.

자연은 또한 겸손함과 조화의 지혜를 가르쳐 준다. 모두를 조건 없이 받아들이고 소화하며, 서로 다른 존재들이 어우러져 살아가는 다양함의 조화를 보여준다. 자연 앞에서 나의 부족함을 깨닫고 겸허해지며, 지구별 생태의 작은 단면에서 우주의 아주 일부라도 느끼려 하늘을 올려다본다.

가까운 자연에서 만나는 나무와 꽃, 새소리, 물소리, 바람 소리를 통해 느끼고 배운 삶의 이야기를 나누고자 한다. 자연 친구들과의 교감이 삶에 어떤 의미를 더했는지, 그 속에서 발견한 소중한 깨달음은 무엇인지에 대해 서로 나누는 시간이 되기를 바란다.

찐 사랑 진달래

'봄이 오면 산에 들에 진달래 피네 진달래 피는 곳에 내 마음도 피어~~ 진달래 피고 새가 울면은 두고두고 그리운 사람 ~~ 진달래 먹고 물장구치고 다람쥐 쫓던 어린 시절~~'

이렇게 노래를 흥얼거리다 보면 어린 시절의 추억이 떠오른다. 다시 봄을 맞이하는 내 마음의 영원한 고향, 진달래다. 예나 지금이나 가장 좋아하는 꽃을 딱 하나만 꼽으라면 단연 진달래다. 그 이유와 나만의 사연을 나누고 싶다.

3월이면 추위를 버틴 초록 순이 살포시 고개를 내민

다. 이어서 피는 진달래는 여느 꽃과 다르게 잎보다 꽃이 먼저 피어난다. 봉오리가 어디에 맺혔나 양지바른 곳을 살피느라 마음이 바빠진다. 해마다 피는 순서는 조금 달라지지만, 가장 먼저 꽃을 피운 나무, 가장 꽃이 탐스러운 나무를 당연히 모두 기억한다. 때로는 기온 변화로 초겨울에 뜻밖의 진달래를 만날 때면 깜짝깜짝 놀란다.

 진달래를 향한 사랑은 어린 시절을 거슬러 올라간다. 꽃잎을 따 먹어 입술이 시퍼렇게 물들었던 그때부터였다. 시대와 산은 달랐어도 토종 야생화 진달래는 어디서나 나의 친구가 되어주었다. 내가 사는 뒷산은 진달래 군락지라 4월이면 그야말로 장관을 이룬다. 수술 10개에 암술 1개, 모든 꽃에 그 숫자의 이변은 없었다. 자연은 모성이나 여성성일까? 아니면 여성 보호 남성성일까? 번식 생태가 동물과는 사뭇 다르게 느껴진다.

 다섯 장의 보들보들한 꽃잎은 예부터 약재, 화전, 술,

튀김, 차, 잼, 샐러드 등 봄날의 귀한 식재로 활용되어왔다. 먹을 수 없는 대부분 꽃과는 비교할 수 없는 진정한 '참꽃'이다. 꽃술을 따서 '끊어먹기' 게임도 참 많이 했다. 끊기지 않고 이기려면 내가 먼저 공격하기보다 방어하는 것이 이길 확률이 높다. 세상은 선제공격이 승리의 비결이라 말하지만, 자연은 다르게 이야기하는 듯하다. 조용히 받아들이는 삶의 지혜를 참꽃 진달래에서 배운다.

진달래 철이 다가오고 있다. 마치 아낙들의 수다를 남 실거리며 들어주어야 할 진달래가 인격 수양이라도 하려는 듯 아직 나오지 못하는 것만 같다. 누구의 사연이든 공짜로 들어주고 비밀을 지켜주는 그런 친구가 세상에 또 어디 있겠나 싶다. 그 꽃의 마음 씀씀이가 나를 진정한 사랑, 둘도 없는 절친으로 만들었다. 아마 MBTI도 나와 비슷할 거다. ISFP(예술가 형) 나 INFP(중재자 형)처럼, 내향적이고 조화를 중시하며, 감성적이고 부드러운 아름다움을 지닌 것이 우리의 성품일지도 모른다.

진달래는 색이 강렬하지 않은 연분홍이라 더욱 마음에 쏙 든다. 장미나 철쭉과 대비되는 은은함이 있다. 그 향은 또한 있는 듯 없는 듯 자연스럽다. 그 생태도 자연 번식에 어울리지, 인공적인 이식은 왠지 맞지 않는 옷 같다.

국가대표급 봄꽃이라 하면 김소월 시인의 '진달래꽃'을 빼놓을 수 없다. 학창 시절부터 암송했던 국민시이다. 민족의 애환을 담은 이별과 사랑의 아픔, '죽어도 아니 눈물 흘리오리다, 사뿐히 즈려밟고 가시옵소서' 시구를 나는 '살아서 눈물 많이 흘리리로다'로 받아들이며 살고 있다. '산화공덕(散華功德)' 시상이 내 삶에 깊이 뿌리내린 꽃이기에 사랑하지 않을 수 없다.

또 진달래는 키 큰 교목인 소나무나 참나무의 아래서도 끈질기게 살아가는 생명력이 특별하다. 독성이 있는 소나무 밑에서 자랄 수 있는 드문 관목이다. 바위틈의 척박한 곳이나 산불이 휩쓸고 간 자리에서도 가장 먼저 살아나는 '외유내강(外柔內剛)'형의 꽃이다. 그래서 매년 어김없이 찾아가 살피고 사진에 담는다. 언제 만날까 기대하는 마음이 하루하루에 생기를 불어넣어 준다.

몇 송이 꺾어 병에 꽂았다가 이내 시들어버려 후회한 적이 있다. 눈으로 보고 향기를 맡고 이야기 나누는 것으로 충분했거늘, 무슨 흑심에 홀렸던 것일까?. 벌레 한 마리, 나뭇가지 하나 해하지 못하는 내가 왜 그랬을까? 자책하며, 다시는 너희를 꺾지 않겠다고 뉘우침의 약속을 하기도 했다.

'화무십일홍(花無十日紅)' 진달래가 지기 시작하면 연달래, 산철쭉이 피어난다. 하지만 이들은 나무와 꽃잎이 크고 끈적이며 독성이 있어 가까이하는 이가 없다. 비슷해 보여도 이렇게 너무 다른 야생화다. 삶도 진달래처럼 순해야 할진대, 독하고 억센 존재는 하늘이 왜 만들었는지 모르겠다. 자연을 통해 세상의 다양함도 또한 배우게 된다.

그랬던 내가 작년에는 건강 문제로 진달래를 보지 못했으니, 올해의 기다림이야말로 오죽했겠는가. 그때 그 꽃이 아니어도 DNA를 물려받은 후손이니 매한가지다. 그래서 부모에게서 자녀로, 자연에서 인공으로, 하늘에서 땅으로 그 무엇인가가 연결되고 이어진다. 나는 삼라만상(森羅萬象)에 어떻게 연결되며 무엇을 남기고 있는가. 깊은 사유에 잠기게 된다.

이번에 진달래를 만나면 꼭 물어보고 싶다. '지난겨울 혹독한 추위와 폭설을 어떻게 견뎠냐고? 그 강한 소나무와 참나무 거목들도 허리가 부러져 쓰러졌는데 말이야.' 아마 어떤 답을 할지 짐작은 간다. 혼란스러운 세상을 어떻게 살아가야 할지도 이야기하고 싶다. 역시 그 내용은 짐작이 된다. 우리는 이렇게 '우문현답(愚問賢答)'을 나누는 진정한 참 친구다. 겸양과 절제, 조화와 선비의 멋을 품은 진달래. 사진을 찍고 요리조리 살피는 모습을 보면 상춘객들이 힐긋힐긋 쳐다볼 수도 있겠지만, 그게 무슨 대수겠는가.

산속 자연의 고요를 찾는 것이 곧 나 자신을 찾는 길이다. 하늘을 품고 진달래와 속 깊은 이야기를 나누는 것이 나의 고상한 취미가 되고 있다. 그 이야기의 핵심이 '사랑'임을 알아가는 것이 진정으로 철드는 과정일 것이다. 2년 만에 나눌 그 사랑이 벌써 설레온다. 해마다 설렘으로 진달래를 기다렸다. 시니어에게도 설레는 기다림은 큰 기쁨이요, 행복이요, 내일은 사는 힘이다.

나눔이 자라는 텃밭

'아침마다 까치에게 진다. 달팽이에게도 졌다. 아니 양보했다. 오히려 나누었다는 게 맞다.'

이 깨달음은 내가 이곳 산자락으로 이사 온 지 10년 만에 얻게 된 작은 텃밭에서 시작되었다. 오랜 바람 끝에 집 앞 텃밭 1평 얻는 행운을 안았다. 시골 출신이 오랜 도시 생활 탓인지 전원이 그리웠다. 텃밭이 생겨 기뻐하는 아내와 덩달아 일상이 기뻐졌다.

땅을 일구어 퇴비를 하고 십여 종의 모종을 심었다.

"사 먹는 것이 훨씬 편하다며 텃밭 일에 시큰둥했던 내가, 어느새 아내 곁에서 흙을 만지게 될 줄은 몰랐다." 가뭄에 타는 모종을 살리려 아침마다 수돗물을 물뿌리개로 공급했다. 자라는 모습이 신기해 보고 또 보며 사진 찍고 애지중지다. 아들딸이 외지로 떠난 자리에 수십 포기의 모종을 입양한 셈이었다. 1평 땅에 다양한 종류의 모종을 심고 돌보는 농사 초보인 나의 마음에 내가 놀랐다. 자라면서 꽃 피고 벌이 오고 열매 맺을 즈음 상추와 치커리 쑥갓이 앞다투어 밥상에 올라 주인을 만나기 시작했다. 마치 자식과 상봉하는 듯한 기쁨이었다.

오이 모종을 늦게 심어 수확이 어려울 거라는 나와는 반대로 아내는 줄곧 정성을 쏟았다. 지지대를 해주니 줄기 손이 다람쥐 나무 타듯 했다. 첫 오이가 복날 미역과 함께 '냉채 국'으로 식탁에 오르자 기대감이 가득했다. 그때의 시큼, 달콤, 새콤한 맛은 지금도 살아있다. 이어 2, 3, 4의 오이가 하늘 향해 경쟁하듯 자라갔다. 한 녀석은 지지 담벼락을 2~3m나 타고 올랐다. 5cm 모종이 50배 이상 자라다니. 상상 초월의 성장, 오묘한 생명의 신비에 감탄한다.

파릇파릇, 오톨도톨, 까칠까칠한 오이 세 개가 밤사이에 사라졌다. 누가 따갔을지 짐작이 가기에, 나도 모르게 불편한 감정이 마구 올라왔다. 며칠간 혼란스러운 마음을 가다듬고 도로 오이 몇 개를 따 드렸다. 그러고 나니 신기하게도 오이의 밋밋한 맛이 달짝지근하게 느껴지기 시작했다. 오이를 심고 기르면서 삶의 다양한 맛을 배우게 되었다. 특히나 믿음으로 정성을 다한 아내 덕에 깨달은 값진 경험을 생각하니, 농작에 대한 믿음 없어 오이 심기를 포기하려 했던 내가 부끄러워졌다.

꽃피고 열매 맺는 날까지 믿음으로 돌보고 노력하며 인내한다. 농작이 그렇고 공부가 그렇고 사람도 그렇다. 믿고 행해야 결과를 얻을 자격이 생긴다. 믿음이 무얼까? 믿음이란 어쩌면 결과나 보상을 기대하지 않는 순수한 사랑이 아닐까 생각해 본다. 오이 사랑도 사람 사랑도 양육법은 똑같다. 이런 믿음이다.

둘째 녀석, 방울토마토는 어릴 때 갖고 놀던 빨간 구슬 같다. 앙증스럽기 그지없다. 놀랄 일은 볼그레 예뻐지려는 순간 까치에게 빼앗기는 것이다. 까치를 잡을 수도 지키고 있을 수도 없다. 주인인 나도 맛보지 못하고 떨어져 버리니 짧은 생이 안쓰러웠다. 까치도 먹고살아야 하는 양보심에 망을 씌우지 않아 피해가 크다. 자연과 공존? 토마토를 놓고 신경전이 지속된다. 공생의 의미를 되새기면서도, 한편으로는 까치에게 빼앗기지 않으려 서둘러 수확하기도 했다. 덜 익은 토마토라도 서둘러 몇 개씩 따와 이웃과 나누고, 나머지는 집에서 하룻밤을 두었다가 간식으로 맛보았다.

맛있는 토마토는…… 까치는 생존을 위한 식사지만 나

는 내일 먹을 과일이다. 미리 따두는 게 욕심처럼 느껴져 까치를 쫓아내는 것이 망설여졌다. 그랬다. 내가 키워 까치 먹이는 것 같지만 사실은 하늘이 주는 자원으로 자랐으니 나누는 게 당연하다 싶다. 그런 까치와의 정이 들었는지, 겨우내 눈 쌓인 밭에서 먹을 것이 없을까 염려되어 불린 곡식을 돌 위에 놓아두었더니 깨끗하게 먹어 치웠다. 남는 음식을 야생조류의 먹이로 활용할 수는 없을까 하는 생각에 이르게 된다.

셋째 녀석. 여름작물을 마치고 배추 모종과 무씨를 뿌렸다. 아무래도 비료를 주지 않은 탓인지 배추와 무의 성장이 다른 집 작물보다 부진했다. 경험 부족이라 생각하고 위로하면서 또 애써 돌본다. 이번에는 새벽녘에 달팽이가 나타나 잎을 갉아 먹는 것이었다. 자식을 돌보는 마음으로 달팽이를 잡아보지만 역부족이었다. 욕심을 줄여 김장이 어려우면 쌈으로 먹자고 욕심을 내려놓으니, 체념과 양보의 마음이 반반씩 들었다. 겉잎이 노랗고 볼

품이 없었다. 그래도 김장을 한번 해보자는 용기로 총각 김치와 김장을 하였다.

그런데 이번엔 맛에 깜짝 놀랐다. 이전의 절임 배추 김장과는 판이하다. 갓처럼 향이 나고 사각사각 식감도 달랐다. 처제네 조금 주었더니 '한약재 넣은 김치냐'는 극찬에 아내의 김장 자존감이 크게 높아졌다. 덤으로 온 기쁨이자 노력에 대한 보상이었다. 원재료가 중요함을 실감하며 김장에 대한 통념이 바뀌었다. 겉모습은 초라했어도 속의 질감이 독특한 김치 맛을 내듯이 사람도 겉모습보다 속 인품이 중요할 진데, 나의 인품은 어떤 향기를 내고 있을까? 스스로 자문해 본다.

우리는 인공보다도 자연의 무상 혜택으로 살아간다. 까치가 먹는 토마토를 내가 먹고 달팽이가 갉은 배추를 나도 먹는다. 겨울에 눈발이라 먹을 게 없는 까치를 보니 마냥 먹이를 줄 수도 없고, 그러지 않으니 농작물을 헤치고, 공생은 쉽지 않은 일이다.

토마토의 둥근 미, 배추의 감싸는 멋, 하늘 향한 오이의 열정으로 세상 향해 서고 싶다.

하늘이 도왔고 이웃이 응했기에 오늘의 내가 있다. 없다고 더 모으기보다 지금 있는 것으로 나눠야겠다. 그것이 재물이든 지혜와 지식이든 사랑이든 말이다. 내년엔 이 마음과 함께 텃밭의 소출도 두 배로 나누고 싶다. 나눔이야말로 진정한 사랑이자 행복임을 깨닫는다. 작은 텃밭에서 키워온 이 나눔의 마음이 지구촌에 가득 퍼져 나가기를 소망해 본다.

내게 텃밭은 식물을 기르며 사랑을 배우고 행복을 수확하는 인생의 배움터였다.

자연은 친구 산은 놀이터

소시민인 내가 소나무 작대기를 짚고 산을 오르내릴 때면 마치 '도사(導師)'가 된 듯한 착각에 빠지곤 한다. '도사'의 모서리라도 깨치고 싶은 바람을 담아 산을 걷는다.

산 사나이를 자처하던 내가 여름날 반바지 차림으로 산에 오르다가 내 앞에서 혀를 날름거리는 뱀을 마주한 적이 있다. 온몸이 오싹하며 머리털이 곤두섰다. 움찔 뒤로 물러서는 사이 부스럭거리며 사라지는 뱀을 보내고 나서야 작대기로 땅을 쳤다. 이런 내가 어떻게 자연인이 될 수 있을까 생각하니 우습기도 하다. 이처럼 산은 위험이 도사리고 있기도 하다.

그래도 흙 내음은 더없이 매혹적이다. 답답한 마음에 고함치러 갔는데 산은 묵묵히 들어주고 고즈넉이 이야기도 건넨다. 비우러 갔는데 상상을 듬뿍 채워준다. 온몸에 땀이 흐르다 마르니 그 땀 맛은 더없이 시원하다. 이렇게 오락가락 산을 오르내리며 알다가도 모를 인생을 배운다. 정상에 서는 것보다 오르는 과정이, 오르는 것보다 내려오는 길이 즐겁다. 산 친구가 주는 산의 맛이 곧 삶의 맛이다.

산은 내 2막 인생의 베이스캠프다. 회갑 무렵 코로나로 수입이 줄고 다쳐 수술하고 불안과 불면, 고통의 나날을 보내고 있을 때 산은 늘 함께했다. 사방이 막힌 듯해도 산에 오르면 시야가 트였다. 복잡한 생각을 떨쳐내고 건강부터 다지자며 살기 위해 매달린 산행이었다. 깊이 숨어 있던 나 자신을 만나 말을 걸었다. 나무와 꽃, 새, 다람쥐와 단비, 벌과 나비, 때로는 뱀과 개미와 지렁이도 만난다.

멈출 때와 다가설 때, 피할 때와 도전할 때, 기다릴 때를 발견하며 삶이 익어간다. 때를 알아 분별하는 것이 철이 드는 것이고 나이를 먹는 것이리라. 나를 철들게 하니 산이야말로 이보다 더한 스승은 없다. 하늘을 보며 창조를 떠올리고 나 또한 창조의 한 작품임을 깨달으며 위로받고 용기를 얻는 행복한 시간이다. 하루하루 달라지는 자연의 생기가 나를 살린다.

산은 해마다 인생의 사계절을 보여준다.

봄은 학창 시절 같다. 가지에 돋아나는 연두색 새순은 희망이다. 햇빛에 반짝이는 모습은 마치 별밤의 은하수 같다. 좋아하는 꽃 진달래가 피어나면 이 꽃 저 꽃 카메라에 담는다. 봄을 살짝 지나면 달콤한 아카시아 향과 특유의 밤꽃향이 몰려오며 여름을 맞는다.

여름은 훌쩍 커버린 청장년기 같다. 어느새 무성해진 나뭇잎은 경쟁과 조화를 이루며 푸르름을 뽐내며 세상에 합류한다. 장마철 '콸콸' 흐르는 계곡물의 매끄러운 촉감은 늘 붙잡아두고 싶다. 그물침대에 앉아 온몸에 산들바람과 매미 합창을 들으면, 저렇게 열정적이었던 때가 내게는 얼마나 있었나 자문하게 된다. 자신 없는 대답에 부끄러워도 성장의 여름이다.

가을은 자녀가 학업을 마치고 사회인으로 독립하는 시기이다. 서리가 내리고 일교차가 커 온산이 단풍으로 물든다. 열매는 익고 잎은 떨어져 거름이 되며 내년을 준비한다. 내 인생의 시계도 어느덧 여기에 와 있다. 애써 조락을 피하고 싶어 소나무의 푸르름을 동경하지만, 자연에 순응하며 고이 떨어지는 단풍잎에 나를 그린다. 낙엽에 미끄럼 타며 다람쥐가 도토리를 모으듯, 인생 추억 모으기에 바빠진 나이다.

노년의 겨울바람은 을씨년스러워 행인도 적다. 미끄러운 눈길에도 방한복을 입고 정상에 올라 입김을 뿜으며 찍는 영상은 인생의 한파가 올 때마다 열어 본다. 엄동설한에 아무도 없을 것 같아도 꼭 사람을 마주친다. 부지런한 인생은 어디에나 있음을 깨닫는다. 이렇게 사계절

산행 인생을 여기서만도 12년을 경험했으니, 자연은 진정 내 친구이고 산은 나를 살린 인생 놀이터다.

산 초입에서 폭설에 부러진 소나무나 화재로 수년째 잡목만 자라는 곳을 지날 때는 더없이 힘든 인생을 본다. 산악자전거로 망가진 계단과 '자연사랑' 산악회의 반가운 꼬리표를 볼 때는 선과 악을 동시에 본다. 누군가 단풍나무 수백 그루를 심고 가뭄에 물까지 준 흔적을 볼 때는 선함이 산을 살리고 사회를 지탱함을 느낀다. 고맙고 미안한 마음이 든다. 쓰레기를 줍고 길 막은 가지를 치우는 정도의 내가 부끄럽다. 마음을 담은 산사랑 글을 쉼터에 비치해 볼까? 누가 되지 않는 작품을 쓸 수 있을까? 자신 없는 행복한 고민에 잠긴다.

바위틈에 자란 소나무와 진달래가 유달리 눈에 띈다. 척박한 곳의 강인한 생명력이 왜 그리 짠한지 발길을 멈추게 한다. 누워서도 햇볕을 향한 나무를 볼 때면 나의 삶이 스쳐 지나간다. 수많은 종류의 생물과 무생물, 심지어 산 자와 죽은 자가 공존하는 곳이 바로 자연이다. 고비마다 산은 '괜찮아, 좀 기다려봐, 잘될 거야'라고 격려하는 듯하다. 힘과 앎을 주니 산을 사랑하지 않을 수 없다. '인자요산(仁者樂山)'을 바라며 배우고 누린다.

산은 모든 이를 수용하며 넓고 딛게 자신을 내어준다. 인간의 어리석음과 욕심을 다 알면서도 너그러이 품어준다. 모두를 덮고 안아 정화 시키며 푸르게 키워간다. 산을 친구로 둔 나의 덕목임을 발견하게 된다. 깨달음에 신이 나 크게 웃어 본다. 아하하 어허허 흥얼거리며 내려오니 하산하는 도사 같다. 문득 생각한다. 세상에 삶을 소진하고 다시 채우기 위해 산에 와야 할 날이 또 언제일까? 나를 살리는 산의 품 안에서 누리며 나눈다. 세상을 이롭게 하는 자연에서 하늘을 다시금 바라본다.

오리 가족과 삶

'오물쪼물, 꼬물꼬물, 오르르, 쪼르르…… 개천에 나타난 생명, 오리 새끼들의 움직임이 귀엽기 짝없다'

우리 동네 행정복지센터 옆에 개천이 있다. 새싹과 개나리가 왁자지껄 등교하는 초등생들을 응원하는 듯하다. 상쾌한 공기를 마시며 걷는데 저만치 백로와 청둥오리가 보인다. 유유한 백로와 분주한 오리다. 폰을 꺼내 살금살금 다가갔다. 오리는 비교적 경계심이 덜 한 듯했지만, 백로는 예민하여 금세 날아가기에 조심스러웠다. 아뿔싸, 엄마 오리는 주변을 살피고 있고 새끼들은 무엇이 그리 바쁜지 정신이 없다. 영문을 모르는 백로는 긴 고개를 갸우뚱하며 나를 경계하더니 푸드덕 날아가 버린다. 에구 놓쳤다. 작은 몸을 오물거리는 새끼들의 수를 세어 본다. 주변 돌과 잡풀에 섞여 세기가 쉽지 않다. 가까스로 세어보니 7마리다.

그 순간 내 몸에 강한 전율이 느껴졌다. 제각각 정신없이 나부대는 모습이 7형제로 자란 나의 어린 시절을 보는 듯해 가슴이 뭉클해졌다. 막상 사진을 찍으려니 녀석들이 가만히 있지 않는다. 먹이를 주어 모을 수도 없다. 한참 눈을 떼지 않고 기다린 끝에 엄마 오리와 횡대로 선 7마리 새끼 오리 가족 모습 몇 컷을 담을 수 있었다. 값진 수확이다. 지나는 이가 보며 의아해한다. 그래도 나는 혼자 흡족해하며 기쁘다. 생명 관찰에 나이도 잊었다.

'나는 딸, 아들 키우기도 힘들었는데, 엄마 오리는 어떻게 7형제를 키울까?' 엄마 오리가 새끼오리들에게 헤엄치는 법과 나는 방법, 먹고 살아가는 법을 가르치러 나온 삶의 현장 교육이다. 이 장면을 디카시로 만들어 아내에게 보이니 극찬이다. 좀 더 다듬어 디카시 공모에 출품하고 수상 예감에 기쁨의 날들을 보냈다.

한 번도 사본 적 없었어도 복권 당첨보다 더 옹골차게 수상 소식을 기다렸다. 결과는 어땠을까? 복권 당첨이 어렵듯 작품 수상이 어렵다는 걸 깨닫는 데는 많은 시간이 필요치 않았다. 생각하니 '자녀가 없는 이도 있는데, 7형제 이야기가 얼마나 마음에 와닿을까?' 헛웃음으로 나를 위로했다. 그래도 오리 사랑, 디카시 창작 행진은 계속된다.

그 이후로 오리 떼가 보이면 숫자를 세었다. 어김없이 새끼 7마리. 내게 추억을 불러 준 녀석들을 보니 반갑기 그지없다. 여름이 오고 녀석들이 커서 이제 반경을 넓혀 개천의 상류까지 이동했다. 새끼는 어느덧 중 오리, 어른 오리로 컸다. 이제 7마리가 아니라 2마리 3마리도 보인다. 왜일까? 커서 독립했나 보다. 결혼은 했을까? 문득 딸과 아들이 생각난다. 오리의 독립을 보며 내 자녀들은 어떠할까를 생각하게 된다. 미혼 자녀를 둔, 내가 마음이 바빠진다. 오리는 내게 삶의 과제를 던져 준 친구들이다.

오리를 찾아 개천을 따라가다 보면 유명한 사찰과 유원지 계곡이 나온다. 오리의 자맥질을 보며 한 마리가 일으키는 파장의 고요함을 찍어 또 시를 만든다. 나는 무엇으로 아름다운 파문을 일으키고 있을까? 오리에게 물은 일터다. 평평하게만 헤엄치지 않는다. 때로는 곤추서고 꽁지를 쳐들고 물구나무도 선다. 우리도 일터에서는 저렇게 남모르는 곡예를 한다. 오리는 쉴 때가 없어 보이고 백로는 먹을 때를 보기가 어렵다. 바쁘지 않고 백로처럼 빛나게, 희게, 늘씬하게, 긴 목으로 세상을 볼 수 없을까? 같은 먹이를 두고도 백로와 오리는 서로 먹으려 하지 않는다. 그 모습을 보면 사람이 부끄럽다. 오리도 좋고 백로도 좋다.

한번은 오리 2마리가 급속히 마주치더니 물속에서 잠

시 얽혔다가 쏜살같이 튀어 오르며 서로 양발로 치고받으며 싸우더니 다른 방향으로 날아가 버린다. 짧은 사랑, 후회의 이별이었을까? 아픈 순간을 담은 사진은 나만 알고 있다. 사랑하고 싸우고 헤어짐을 반복하는 우리에게 오리는 또 질문을 던진다. 헤어진 오리가 다시 만나 신혼처럼 행복하길 바라본다.

초등 1학년 때 국어 시간에 '아버지, 아버지 우리 아버지'라는 단원이 있었는데 어떤 친구가 읽기 시간에 "아버지, 아버지 오리 아버지"라고 읽어 별명이 '오리 아버지'가 된 친구가 생각난다.

엊그제는 생태체험으로 물을 가둬놓고 초등생들이 장화를 신고서 물고기 잡는다고 난리였다. 잡은 것을 놓아주니 그래도 다행이다. 야생조류의 먹이가 있어야 하는데 말이다. 내가 먹이로 치어를 방류할 수도 없고. 수질 보호가 중요하다. 물고기와 청둥오리, 백로, 두루미, 물까치, 까치, 까마귀, 비둘기, 참새 온갖 텃새와 주민이 함께 노는 놀이터다.

  자연은 아버지같이 무서울 때도 어머니의 품 안처럼 안온할 때도 있다. 폭우로 흙탕물이 될 때, 온갖 공사로 수로의 웅덩이가 바뀔 때, 물이 얼 때 오리는 어디에서 먹고 살까? 걱정되고 기다려진다. 함께 살아가는 환경을 어떻게 만들 수 있을까?

  개천에 쓰레기를 치운다. 갈대나 수련들을 심어 수생 식물들을 키운다. 관리가 힘들고 벌레가 생길 수도 있겠다. 해마다 개천의 풀을 싹 베고 도랑을 계속 개조시킨다. 보기는 좋아도 급격한 변화는 생태에 해로울 수 있다. 하천이 살아야 생물도 사람도 같이 산다. 하천을 끼고 공생하는 방법은 무얼까? 집게로 하천 쓰레기를 주워볼까 싶어도 좀처럼 용기가 실천으로 이어지지 않는다. 아내에게 주말에 같이해보자고 권해보고 싶다.

이렇게 오리 사랑은 곧 나 자신에 대한 사랑이고, 자연 사랑이며 이웃사랑이다. 자연과 동물, 사람이 함께 어우러져 살아가는 세상을 그려본다.

늦가을에 피는 진달래도 봄을 기다린다

누가 보았으면 '저 아저씨가 왜 저럴까?' 하며 다소 의아했을지도 모른다. 마치 뒷산에서 산삼을 발견한 심마니처럼 가슴이 벅차올랐다. 때아닌 초겨울 11월 25일에 만난, 이 꽃은 바로 나의 자화상이었다. 늦가을에 피어난 진달래를 봄 진달래보다 더 깊이 사랑하지 않을 수 없는 이유였다.

유난히 포근한 초겨울. 뒷산을 오르다 눈이 휘둥그레지며 걸음이 빨라졌다. 온 산이 낙엽으로 가득한데, 양지바른 곳이었는지 진달래꽃이 반갑게 얼굴을 내밀었다.

그 모습이 참 함초롬했다. 단숨에 다가가 요리조리 살피고 사진에 담으니 세 그루였다. 내게는 산삼 세 뿌리보다 더 소중하게 느껴졌다. 엊그제는 빨간 영산홍이 가을 이슬을 머금고 나오더니 오늘은 진달래였다. 이러다가 아카시아꽃까지 피는 것은 아닐까, 소년처럼 들뜬 마음이었다.

기후변화와 온난화로 인해 이전에는 볼 수 없었던 현상들이 늘고 있다. 봄과 가을은 짧아지고 여름과 겨울은 길어졌다. 봄날에도 하루는 여름 같고 하루는 겨울 같아 단순한 일교차라고 하기에는 그 변화가 너무 극심하다. 이러한 변화를 어떻게 받아들여야 할지, 자연도 때아닌 시기에 핀 꽃도 어리둥절한 듯 보였다. 생각해 보면 이는 자연의 오용과 남용이 빚어낸 아픈 현실의 반영일 것이다. 그러함에도 불구하고 이 진달래가 마치 나의 마음을 대변하는 듯하여 반갑고도 놀라웠다. 혹독한 추위 없어 오래도록 그 자리를 지켜주기를 바랐다. 계절을 잊었다며 고개 숙이는 일이 없기를, 애틋함과 애절함이 동시에 느껴졌다. 인생도 가을, 겨울 같은 시기에 저렇게 두 번째 꽃을 피울 수 있을까? 늙어가는 것이 아니라, 익어가는 삶처럼 다시 피어나는 꽃을 바라본다.

3~4월에 무리 지어 피어나는 봄 진달래는 우리의 청장년 시절과 같다. 각양각색의 모습으로 앞서거니 뒤서거니 분주하게 피어난다. 한껏 아름다움을 뽐내는 시간도 잠시, 뜨거운 여름에는 잎새와 가지에 영양분을 내어주고, 단풍이 진 후에는 땅속에서 인고의 시간을 보낸다. 하지만 지금 만난 늦가을의 진달래는 겨울 온기로 잠시 피었다 서둘러 내년 봄에 다시 필 거다.

인생이 후반기에 접어들어 다음 세대에 자리를 내어주고, 자신만의 특별한 꽃을 피워내며 훗날 하늘에서 만개할 진정한 꽃을 기다리는 듯한 느낌이다. 세상이 때로는 험난하게 느껴져도, 마음만은 온난하게 유지할 수 있다. 마음속에 꽃을 피우려는 심지만 있다면, 시니어의 삶 또

한 아름답게 꽃 피울 수 있다.

갑작스러운 만남에 진달래를 쓰다듬으며 근황을 물었다. "아이고, 애야, 정말 반갑구나. 봄에 이미 피었는데 짧아서 또 피어난 것이냐? 아니면 봄에 피지 못해서 이제야 얼굴만 내민 것이니? 지금 피었다면 내년 봄에는 어떻게 다시 필 작정이니? 참 바쁘기도 하구나." 진달래가 대답하는 듯했다. "글쎄요. 저도 잘 모르겠습니다. 겉모습으로는 이미 피어났어도 마음속으로는 다 피우지 못한 듯합니다. 겉과 속 모두 온전히 갖추어 다시 피어나고 싶습니다." 이것은 마치 나 자신의 다짐처럼 들렸다.

어쩌면 봄날, 가족을 돌보느라 미처 피우지 못했던 마음속의 꽃이 이제야 피어나고 싶은 간절한 염원이 된 것인지도 모른다. 빈 둥지에 남은 따스한 온기처럼, 초겨울의 추위 속에서도 불씨는 세상 밖으로 나오지 않을 수 없었다. 이것이 바로 시니어의 삶에서 글을 쓰고 새로운 도전을 시작하게 된 동기이자 본질이다. 홀로 피어 주위의 시선을 한 몸에 받는 외로움 속에서도, 그 용기는 참으로 특별하게 느껴진다. 하늘의 빛을 받는 꽃을 피우고픈 소망은 영락없는 나의 자화상이다.

진달래는 부드럽고 순수한 아름다움을 지녔다. 흰색과 빨강이 어우러져 아름다움을 자아내는 분홍빛 야생화다. 인생의 노년에 피어나는 진달래는 청년 시절의 진달래와는 그 모습이 다르다. 짧은 시간 피어나기에 더욱 외롭고 귀하게 느껴진다. 어쩌면 무관심 속에 피어나는 놀라움이며, 고독함 속의 우아함이자 온화함일 것이다. 인생 1막이 자녀를 양육하며 가정에서 피워 낸 진달래였다면, 인생 2막은 강의와 글을 통해 소통하고 사회에 봉사하며 피워내는 진달래와 같다.

진달래는 다섯 잎이다. 한 잎 한 잎이 뒤섞이지 않고 일관성 있게 피어난 모습이 신비스럽다. 왜 하필 다섯 잎일까? 문득 오행(五行), 오감(五感)에 더해 손가락과 발가락도 다섯 개임에 새삼 놀라게 된다. 꽃잎 앞에 서서

'이렇게 피어나자' 다짐하며 한 잎 한 잎, 눈을 맞추며 얘기한다. '부드럽고 오래 참자. 시기, 질투, 자랑을 버리자. 교만하지 말고 내 이익만을 찾지 말자. 성내거나 악한 생각을 하지 말자. 하늘과 함께 모든 것을 참고, 모든 것을 믿고, 모든 것을 바라며, 모든 것을 견뎌보자'만개를 향해 봄날처럼 활짝 피어나자 다짐하며 꽃잎에 입술을 포개본다.

　아, 이것이 바로 모두의 바람이자 하늘에 닿는 마음일 것이다. 과연 이루어질까? 그저 꿈일 뿐일까? 하지만 꿈이 있기에 비로소 꿈이 이루어진다. 사람의 힘으로는 할 수 없다. 내 안에 하늘의 뜻이 함께할 때 비로소 가능하다. 겉모습의 나는 잠시 머무는 손님이요 종 일뿐, 내면의 진정한 주인은 하늘이다. 하늘의 도움으로 하늘을 향해 피어나는 무수한 진달래의 고귀함처럼, 무수한 인간의 존귀함 또한 하늘을 향해 피워낼 향연의 세상을 꿈꾼다. 그 꿈은 바로 지금, 나 자신이 봉오리를 맺는 것에서부터 시작된다. 그 봉오리는 세상에 기쁨과 희망을 주는 작은 관심, 배려, 그리고 사랑이다. 세상 모든 꽃의 꽃말은 우리 마음속 무수한 감정들의 표현이며, 결국 사랑의 다양한 이름을 안고 있다.

나 자신부터 '언행일치(言行一致), 언문일치(言文一致)'를 통해 말과 글, 그리고 삶이 빛이 되는 꽃이 되기를 바라며 깊이 생각한다. 세상에 아름답게 꽃피우도록 돕는 삶, 그것이 바로 내가 해야 할 일이다. 그러한 삶을 살아가는 한, 언제나 청춘이며 활짝 피어날 꽃과 같다. 완전히 꽃 필 그날이 언제일지는 알 수 없다. 하지만 언젠가는 반드시 올 것이며, 이미 가까이 다가왔다. 이것이 바로 지금, 가을 진달래로 피어야 하는 시의성이다. 가을 진달래는 빛이 되어 세상에 남을 거다. 아니, 죽지 않고 영원히 살 것이다. 살아서 죽어야 피우는 그 꽃, 살아있는 동안 최선으로 피워내고, 죽음을 통해 완성되는 꽃이다. 하늘의 꽃, 진리의 꽃, 생명의 꽃은 영원한 봄꽃이다.

영원을 살고픈 우리의 소망은, 바로 지금의 내가 새봄을 향해 피어나는 가을 진달래처럼 계속해서 꽃 피워 가는 과정에 있다. 지금부터 영원의 순간 그날까지, 봄에 피는 진달래도 가을에 피는 진달래도, 그리고 새봄에 피어날 진달래도 모두 하나다. 세상의 모든 꽃은 그분의 사랑으로 피어나는 '사랑꽃'이다.

피어나는 모든 것은 꽃이든 사람이든 그 본질은 하늘의 사랑이다. 진달래도 나 자신도 모두 하나같이 사랑으로 피고, 사랑으로 지고, 사랑으로 살며 사랑을 사모하는 것이다.

눈사람

정월 대보름. 예보대로 아침부터 눈이 내리고 쌓인다. 위험한 경사길이라 아내를 버스 태워주고 돌아와 흩날리는 진눈깨비를 물끄러미 바라본다.

이번 겨울은 유난히 눈이 많이 내렸다. 반가움도 잠시, 길옆에 쌓인 눈이 언제 말끔히 녹나 하는 생각이 든다. 돌아보면 군 시절, 강원도 산간에서 제설작업이 주 업무였던 때가 있었다. 당시에는 지긋지긋했어도 눈에 얽힌 추억은 언제나 새롭다. 연병장에서 소총을 던져두고 뒹굴거나, 반합에 눈을 가득 담아 라면을 끓여 먹던 장면이 생생하게 떠오른다. 그 맛은 어땠을까? 흙먼지 맛 같았지만 그래도 맛있게 먹었던 그때의 패기가 그립다. 누구에게나 눈은 추억을 만들고, 그 추억을 소환하면 행복이 뒤따라 온다. 적당히 내리는 눈은 하늘의 축복이라 여겨지기에 언제나 환영받는다. 첫눈이 품고 있는 약속들은 우리들의 역사를 만들어왔다. 그러니 눈을 처음 보는 이들에게 첫눈은 얼마나 황홀할까? 처음은 늘 강렬하다. 그래서 '첫눈에 반한다.'라는 말이 생겨났을까? 비록 의미는 다르겠지만 말이다.

지난 11월 말, 그렇게 많은 눈이 내릴 줄은 몰랐다. 내 평생에 처음 겪는 일이었다. 아침에 나가 보니 온 세상이 하얗게 변해 있었고, 길은 흔적도 없이 사라졌다. 무릎까지 빠지는 눈 때문에 마을버스마저 끊겼다. 그럴지라도 출근을 늦출 수 없었던 아내와 함께 푹푹 빠지는 눈길을 헤치고 큰길로 나섰다. 기록적인 폭설 덕분에 '역사적인 지각'을 경험했고, 온갖 피해와 사고가 발생했었다. 그

여파로 이제는 눈이 마냥 반갑지만은 않다.

오늘 아침, 눈을 치우는 이웃을 마주쳐 인사를 건네는데, 미안함과 함께 이런 생각이 들었다. 왜 눈 치우는 사람이 정해져 있지도 않은데, 늘 몇몇 분만 수고하시는 걸까? 나는 여건상 눈을 치우는데 합류할 수가 없었다. 그래서 미안함에 대한 보상으로, 공동 주택의 쓰레기 수거장은 늘 조금씩 돌보고 있다.

눈에는 이처럼 수많은 다양한 사연들이 얽혀 있다. 아름다워서 자주 떠올리고 싶은 추억이 있는가 하면, 아픈 사연은 영원히 눈 속에 묻어 두고 싶기도 하다. 하지만 눈이 녹으면 모든 것이 드러나듯, 시간이 지나면 세상사도 밝혀지기 마련이니 조심해야 한다는 반성과 교훈을 많이 얻고 있는 요즘이다.

뽀드득뽀드득 눈을 밟으며 아무도 걷지 않은 길을 발자국을 남기며 걸어본다. 마치 아무도 가보지 않은 길을 가는 개척자가 된 듯한 기분이다. 이런 개척의 즐거움을 누가 안겨줄 수 있을까? 자연에 감사하며 걷다가 평평한 눈밭을 발견하면, 가져간 작대기로 어김없이 무언가를 그린다. 늘 그렇다. 무엇을 그리기에 그토록 정성을 다하는 것일까? 커다란 하트를 그리고, 그 안에 아내와 딸, 아들, 그리고 내 이름의 마지막 글자만 살포시 그려 넣는다. 아무도 모르게 나와 하늘만 알도록 말이다. 이제 이력이 쌓여 눈밭에 하트 그리기는 눈을 감고도 정확히 그릴 수 있다. 취미가 실력이 된 셈이다. 하하. 사진을 찍고 아쉬워도 다음 사람을 위해 다시 눈을 흩어 놓는다. 이것이 바로 나의 겨울 취미인 '눈밭 창작'이다. 그림을 그려서 마치 갤러리에서 작품을 감상하듯, 눈 추억은 내 삶의 특별한 겨울 간식 같은 별미다.

 적당히 내린 눈 위를 걸을 때는 참으로 상쾌하다. 발이 푹푹 빠질 정도의 깊은 눈에서는 앞서간 발자국을 따라 걷게 된다. 하지만 아예 앞선 발자국이 없는 깊은 눈길의 첫발 내딛기는 아주 힘들다. 누군가를 뒤따르고 싶은데,

앞서간 이가 없는 나만의 긴 인생길은 어떠할까? 처음 겪는 일이고, 모두가 다른 길을 가며, 되돌아올 수 없는 외길 여행이기에 더욱 힘겹게 느껴진다. 그래도 세상은 깊은 눈길을 얕은 눈처럼 가볍게 걷는 이들을 통해 앞으로 나아간다.

대학 교정이 가까워 자주 방문한다. 눈이 온 뒤에는 그 풍광을 감상하기 위해 가장 먼저 찾게 되는 곳이다. 폭설 뒤에 골목마다 태어난 눈사람들을 보니 아이들과 아빠들의 모습이 떠올랐다. 눈사람은 주로 아빠들이 낳는다. 운동장에 가보니 이목구비가 뚜렷한 거인 눈사람이 활짝 웃고 있었다. 반가운 마음에 큰 소리로 인사하며 한 번 웃어주었다. 안아주고 싶어도 눈사람이 녹아 없어질까 봐 안지 못한다. 사랑의 표현도 이렇게 다를 수 있다. 날씨가 꽁꽁 추워 나이가 들어도 햇볕에 녹지 않고 머리털과 팔이 온전하기를 빌어줬다. 그렇게 바라면 나도 눈사람처럼 웃으며 나이들 수 있을 것 같은 기대감이 든다.

노인정 강의 때 이런 질문을 던진 적이 있다. "나이가 들수록 더 젊고 씩씩하고 잘생겨지는 사람이 있는데, 그 사람이 누굴까요, 어르신?" 그러면 어르신들은 모두 옆 사람을 쳐다본다. 잠시 뜸을 들인 후 '눈사람이지요!' 하고 답하며 기쁨을 안겨드렸던 추억이 스쳐간다.

우리 사회의 큰 고민 중 하나는 어린이가 줄고 노인은 빠르게 늘어나는 현상이다. 눈사람을 보며 상상해 본다. '눈사람이 진짜 사람이 된다면 얼마나 좋을까?' 누구나 정성껏 만들 수 있는 하얀 마음의 존재. 한집에 하나씩만 만들어도 우리나라에 새로 태어나는 아이가 몇 명이 될까? 생각만으로도 저절로 걱정이 사라진다. 돈도 안 들고 태어나자마자 아저씨가 되니 양육 고생도 없으며, 산부인과가 없어도 된다. 모두가 애국자가 되는 셈이다. 하하. 웃음이 나온다. 눈길 걱정은 눈이 녹으면 사라지지만, 줄어드는 미래세대는 우리 모두의 큰 걱정이다. 아이들이 늘어나는 환경을 조성하는 국가적인 과제에, 눈사람을 만들던 기발한 상상과 창의력을 발휘해 보면 어떨까?

'첫눈에 반한다.'라는 말처럼 나이가 들어서도 이성에 첫눈에 반하듯, 무언가에 반할 일이 있다면 얼마나 설렐까? 눈에 반해 눈사람을 만들고, 눈사람처럼 모든 것에 초연할 수 있다면 얼마나 좋을까. 눈사람은 다 살고 끝낼 때도 하늘이 녹여 깨끗이 치워주기에 나는 그저 뒷정리만 하면 된다. 내 인생의 마지막도 내가 치울 수 있다면 얼마나 고무적일까? 자연에서 왔으니 자연으로 돌아가는 이치처럼, 눈사람은 이 땅에서의 삶을 놀이처럼, 아름답게 살아가라고 말해주는 친구와 같다.

첫눈이 올 때까지 손끝 봉숭아 물이 남아있으면 첫사랑이 이뤄진다는 이야기가 있다. 눈길에 신호 대기하면서 흩날리는 눈발을 보다 하늘이 내리는 시심을 살포시 잡아본다.

당신의 사랑

당신은 소리 없이 내리네요

나는 그저 받기 바쁜데
당신은 아낌없이 뿌리네요
나는 마냥 모으기 바쁜데

당신은 따스한 햇볕 비추네요
난 제설제 찾기 바쁜데

아 ~ 이렇게 다르군요

오늘 문득 발견한
당신의 사랑을 그려 봅니다

첫눈이 올 때까지
손끝 봉숭아 물이 남아 있으면
이뤄진다는 그 첫사랑

온천지가 하얗게 물든 지금
손끝에 봉숭아 물들이고 싶네요

독자 페이지

독자님에게 자연과 생명은 어떤 의미로 다가오는지요?
글이나 시, 그림으로 표현해 보시면 어떨까요?

셋, 행복도 건강도

누구나 바라는 것은 행복과 건강이다. '행복 지수'를 올리는 방법은 없을까? 건강이 먼저일까, 행복이 먼저일까? 마치 닭이 먼저냐 알이 먼저냐를 이야기하는 것과 같다. 나이가 들면 건강에는 어김없이 황색과 적색 신호가 들어오곤 한다. 그때마다 놀란 가슴을 쓸어내리게 된다. 약을 먹고 밥을 잘 먹고 운동하면 건강해질까? 그렇다면 찾아오는 스트레스는 어떻게 다루어야 하나? 누구에게나 건강의 녹색등을 유지하는 게 쉽지 않은 과제이다.

행복과 건강의 근원과 해결책이 모두 내 마음에서부터 비롯된다는 것을 이제야 체험으로 깨닫는다. 소 잃고 외양간 고치는 격이라 여겨져도 그 근원을 찾았다는데 안도감이 든다. 마음을 본다는 것이 어렵고, 들여다보아도 그 속을 알기 어려우니, 마음을 바꾸는 일은 더욱 쉽지 않다. 그럴지라도 여전히 머리에서 가슴으로, 이성적인 사고에서 따뜻한 감성으로의 전환과 선택은 결국 나의 몫이다. 그렇게 마음을 바꾸고 변화해야 비로소 잘 살 수 있고, 나답게 살아야 삶의 마무리 또한 잘할 수 있다. 삶의 진정한 원동력인 마음은 하늘에 접속되어 있을 때, 비로소 따뜻해진다. 그 따뜻해진 마음이라야 나와 세상을 품고 온기를 나눌 수 있다.

 변화된 마음으로 지난 시절을 돌아보아도 좋은 기억보다 아픈 기억이 먼저 떠오르곤 한다. 외면하고 싶었던 내 모습과 아픔을 외면하지 않고 깊이 마주하면, 그 속에서 새 희망의 싹을 발견하게 된다. 추억은 시니어의 삶에 청춘의 꽃을 피우는 소중한 토양이 된다. 무엇이든 정성껏 뿌리면 아름다운 꽃을 피우고 향기를 내듯, 내 마음속에도 믿음, 희망, 사랑, 행운의 클로버의 향기가 풍성하게 피어나는 행복한 삶을 꿈꾼다.

수탉을 키운 병아리

'퍼드덕퍼드덕, 꾀객 꾀객!' 위협적인 자세에 날카로운 발톱. 높이 뛰어 두 발로 치고, 쪼고 물어뜯는 온갖 기술로 격렬히 싸운다. 어린 나는 긴장한 채 그 모습을 지켜본다. 내가 키우는 닭이 이겨야 상대 닭도 덜 다칠 텐데, 조마조마한 마음을 감출 수 없었다.

이 격렬한 닭싸움을 보며, 반세기 전, 병아리를 키우던 어린 시절이 떠오른다. 시니어의 삶에 피어나는 꽃을 바라며 그 추억을 더듬어 본다.

마루에 앉으면 앞마당에는 닭 가족, 담 옆에는 송아지

와 누렁소, 마루 밑에는 강아지, 처마 밑에는 제비와 벌까지 모여들었다. 그야말로 작은 동물농장이었다. 드라마나 소설 속 배경 같았어도 당시에는 여느 가정도 이와 비슷했다. 사람이 키우고 하늘이 돕는 자연 친화적인 환경이었다. 덩치 큰 소는 주로 아버지가 키우셨고, 꼬리치는 개는 엄마가 돌보셨다. 그리고 자연스레 나는 노란 병아리를 키우게 되었다.

 그때 그 시절은 지금도 생생한데, 부모님도 집터도 이제는 마음속으로만 그릴 수 있다. 함께 했던 동물 가족도, 다녔던 학교도 모두 기억 속에만 남아있다. 이렇게 덧없는 인생이 싫어 나는 아직도 새로운 꿈을 찾는다. TV도 자연인과 시골 탐방 프로그램을 즐겨 본다. 어린 시절의 향수가 지금 나에게 큰 힘이 된다.

 초등학교를 손수건을 가슴에 달고, **빡빡** 깎은 머리에 책보를 둘러메고, 성실하게 다녔다. 학교를 마치고 집에 오면 숙제하고 집안일을 돕거나 닭 모이를 주는 것이 일과였다. 어느 봄날, 암탉이 병아리 스무여 마리를 깠다. 농사일에 바쁘신 엄마가 매일 방을 청소하는 나에게 병아리를 모두 주셔서, 나는 병아리의 주인이자 닭 키우는 어린이가 되었다.

그때부터 할 일이 많아졌다. 병아리 때는 조와 쌀눈을 주었고, 좀 더 자라서는 귀한 쌀을 몰래 주기도 했다. '구구' 부르면 모이를 먹으러 쫓아오는데, 어떤 때는 빈손으로 불러 녀석들을 속여 먹은 희한한 재미도 누렸다. 지렁이와 벌레를 잡아먹기도 하고, 채소를 쪼아먹기도 했다. 들채 바구니로 도랑에 나가 물고기를 잡아 주기도 했다. 심지어는 집 앞 논에서 피(벼처럼 생긴 풀) 줄기를 뽑아 침을 발라 개구리를 낚아 주기도 했다. 개구리가 모이주머니에서 꿈틀거리는 것을 볼 때는 개구리에 미안하고 겁도 났다. 그렇게 영양식 먹이기에 열성을 다했다.

닭들이 자라면서 암놈은 알을 낳고 수놈은 새벽마다 날개를 치며 울어 교회 종소리보다 정확하게 집안을 깨웠다. 닭의 발달한 시신경이 빛을 감지해서 울면 동네 닭이 번갈아 울고, 엄마는 그 소리에 맞춰 새벽밥을 지으셨다. 닭 덕분에 자연스레 새벽형 인간이 되는 습관이 들었다. 새벽을 깨우는 닭의 위대함이었다.

 알은 보통 사흘에 두 개 정도 낳았다. 첫 알은 작았고 힘들게 낳는 듯했다. 알을 낳고는 '꼬꼬댁 꼬꼬 꼬꼬댁 꼬꼬' 하며 알렸다. 출산의 고통을 위로해 달라는 듯이 말이다. 나는 기다렸다가 살금살금 기어가 밑 알 한 개만 남겨 두고 따뜻한 달걀을 꺼내와서 모았다. 마치 훔치는 거 같아 기분이 묘했다. 유정란, 그 자체로 생명이었다. 어쩌다 아주 작은 달걀이 보이면 수탉이 낳은 거라고 우기기도 했다. 모아두면 엄마가 시장에 내다 팔기도 했는데, 용돈을 받아본 적은 없어도 기분이 좋았다. 손님이 오시면 당시 최고 접대였던 쌀밥에 계란찜이 등장했다. 우리는 먹지 못하고 기다렸다가 손님이 남기면 맛있게 받아먹었다. 남기지 않으면 아쉽고 밉기까지 했다. 지금은 상상조차 어려운 일이다. 병아리가 점점 닭으로 자라 평화롭게 마당을 노닐 때는 행복했다. 병아리였던 초

동생이 병아리를 어른 닭으로 키워낸 보람과 부모의 흐뭇함을 느꼈을지 모르겠다.

시간이 흘러 어떤 닭은 알 낳기를 거부하고 알을 품기 시작했다. 이유를 몰랐는데, 엄마는 닭이 새끼 까기(부화)를 원하는구나 싶어 서른여 개 정도의 신선한 알을 별도의 짚으로 만든 우리에 품도록 준비해 주셨다. 알을 품는 순간부터는 근처에도 못 오게 "깍깍깍…" 쪼려 했다. 먹는 시간 외에는 알을 굴리면서 품기에 전념하면 21일 후 부화한다. 부화되지 않는 알도 있었다.

에디슨이 네 살 때 알을 병아리로 만들어 보겠다고 야무진 의지로 알을 품었다는 일화가 떠올랐다. 모두 이상하게 생각했어도 그의 어머니는 영리한 아이로 보았던 믿음과 사랑이 그를 위대한 발명가로 만들었고, 오늘날까지 온 세상의 빛이 되었다. '줄탁동시(啐啄同時)'의 교훈처럼, 속의 병아리와 겉의 어미 닭이 동시에 쪼아 생명을 탄생시키는 경험을 일찍이 했다. 부화 경험을 돌아보며 공부와 관계의 원리를 깨치고 무릎을 쳤다.

쥐와 고양이, 족제비, 뱀이 병아리를 해치기도 한다. 가끔 출몰하는 매는 정말 위협적이었다. 하늘에서 매가 노려보면 어미 닭이 긴급 호출 '삐악삐악' 우는 새끼들을 날개 속에 품고 온몸으로 방어했다. 그 모습에서 본능과 순종하는 자연의 섭리를 보았다. 옆집 닭이 담을 넘어 침입하면 가정을 지키는 아빠, 수탉이 여지없이 냅다 쫓아냈다. 모이를 찾으면 혼자 먹지 않고 '꼬꼬 꼬꼬' 암탉과 병아리를 불러 같이 먹기도 하고, 먹는 척하다가 암탉에 올라타기도 했다. 저렇게 짝을 유인하다니, 어린 마음에 싱숭생숭해졌다.

　때로는 마당에 곡식을 헤집고 마루에 올라와 똥을 싸면 빗자루를 던졌다. 심한 놈은 지붕과 담 위에 올라가서 말썽을 피우면 활대로 쫓았다. 말 안 듣는 자식 둔 부모 마음이 그려졌다. 한 녀석이라도 집을 나가 안 돌아올 때면 찾아 나섰다. 내가 집 나간 탕자가 되기도 탕자의 부모가 되기도 했다. 일상에서 자연과 동물 사람의 협업을 배운 것이다.

그렇게 소중히 키운 닭을 월사금(교육비)을 낼 때면 내다 팔아야 했다. 나는 닭을 붙잡았고 엄마는 짚으로 날개와 다리를 묶었다. 모이를 조금 넣고 큰 대야에 담아 보자기를 덮어 머리에 이고 시장에 가셨다. 따라가면 운 좋게 서커스도 보고 오뎅과 붕어빵도 먹고 온갖 구경을 했다. 닭이 안 팔려서 도로 가져왔으면 하는 바람이 있었어도 대야에는 닭 대신 생선과 시장에서 사 온 물건들만 가득했으니 우울함이 며칠씩 갔다. 자식 잃은 슬픔이 이런 것일까? 설상가상으로 귀한 손님이 오는 특별한 날에는 또 한 마리씩 없어졌다. 먹고 먹히는 생명의 사슬에서 벗어날 수는 없을까 하는 생각이 들었다.

그래도 전통 혼례에 보낼 잘생긴 암탉과 수탉을 붙잡을 때는 기뻤다. 예쁜 보자기에 싸여 예식상에 앉아 연일 '꼬꼬 꼬꼬' 축가를 부르는 것 같았기 때문이다. 수탉은 가족 부양의 책임을, 암탉은 자손의 번창을 상징했다니 그 의미가 놀랍다.

어릴 때 '닭싸움' 놀이도 했다. 깨금발로 신나게 싸웠던 추억이다. 닭의 정신인 '문무용인신(文武勇仁信)' 그 덕을 알았더라면 닭싸움에 졌어도 덜 억울했을 텐데 말이다. 십이지신 중에 하늘을 나는 동물은 닭뿐이다. 소리와 알로, 색과 고기로 우리에게 유익을 준다. 그중에서도 알로서 생명과 소망의 부활을 상징하는 의미를 제일로 꼽고 싶다.

삶을 돌아보며 다시 새벽을 울며 알을 품는 닭은 아닐지라도, 꿩이나 봉황을 바라며 후세를 품는 닭으로 살고 싶다. 어린 시절 닭을 키운 그 열정과 사랑이 지금 나의 새 삶을 꽃피우고 있다.

배움은 알아감이고 실천이다. 외롭고 어려워도 봉황을 바라는 수탉이다. 오늘 배운 깨달음을 누구에게 언제 어떻게 나눌까 싶다. 지금 만나는 이에게 소중한 그 무엇을 전하자. 따듯한 위로와 칭찬 한마디, 호감의 시선이라도 좋다. 그것이 내가 사는 보람이고, 내가 피우는 꽃이다.

학창 시절

그때 그 시절은 시간이 흐를수록 더욱 소중해져 온다. 오늘을 살아가며 내일을 꿈꾸게 하는 힘이 된다. '그때그때는 몰랐었지만 너무나 아름다운 추억들, 다시 돌아갈 수 없는 학창 시절을 나는 사랑할 거야'라는 노래 가사처럼, 몸과 감정, 배움과 우정이 마치 폭풍 같았던 그 시절을 회상해 본다.

수십 년을 살고 배웠어도 아직도 모르는 것이 너무 많다. 죽는 날까지 배워야 한다는 생각은. 이제 부담이 아닌 소명으로 다가온다. 돌아보면 아득하기만 한 지난날의 배움은 마치 역사서에나 나올법한 이야기 같다. 예나 지금이나 질풍노도와 같은 성장의 고통과 감성은 변함없으리라. 생각하며, 나의 '라떼' 시절을 추억해 본다.

초등학교 시절, 방학 숙제로 곤충채집을 했던 기억이 난다. 잠자리와 사슴벌레, 풍뎅이, 나비들을 수없이 잡아 꽂았던 일은 지금 생각해도 마음에 걸린다. 관찰과 일지로도 충분했을 텐데 말이다. 잔디가 귀하던 시절, 잔디 씨를 훑어갔던 기억은 괜찮은 추억으로 남아있다. 청소 도구를 집에서 직접 만들어 학교에 가져가기도 했다. 빗자루와 헝겊 걸레로 교실을 쓸고 닦았고, 먼지 닦이로 창문을 빡빡 닦아 합격을 받아야 집에 갈 수 있었다. 바닥에 초를 칠하고 미끄럼을 타다 가시가 수없이 박히기도 했다. 미국에서 지원해 준 급식 빵을 하나씩 받아먹던 그 맛은 큰 낙이었다. 용의 검사 날 안 맞으려고 손등을 마주 비비며 맡았던 닭똥 냄새도 별난 추억으로 남아 있다.

중학교 시절에는 먹는 게 시원찮았는데도 1년에 키가

10cm, 몸무게가 9kg씩 늘었다. 그때도 중2 중3 학생은 무서웠다. 공부보다 탈선과 이성 관심이 멋있어 보였다. 나팔바지와 두 발 단속을 피해 뒷문으로 드나들고, 아침마다 선도부원에게 교실 바닥에 머리 박는, 이른바 '원산폭격'을 하도 많이 당해서 정수리가 볼록 나왔을 정도다. 자전거 통학 때 친구가 도랑을 건너다 물에 넘어져 가방과 옷을 다 버렸던 일, 콩나물시루 버스가 도랑을 오르내릴 때 즐거운 비명을 지르며 여학생과 부대끼기를 바랐던 일. 붕어빵이나 오뎅 하나 더 먹으려고 꼬지를 숨겼던 일들이 마치 어제 일처럼 생생하게 떠 오른다.

고등학교 때는 시내에서 자취생활을 했다. 반찬이 떨어지면 라면과 국수로 아침저녁을 때웠다. 점심은 친구들의 반찬을 하나씩 얻어먹으니 그나마 나았다. 그때 처음으로 달걀프라이와 소시지 반찬을 보았다. 처음 마신 우유가 비위에 맞지 않아 다 먹지 못했고, 친구를 따라 처음 가본 목욕탕에서 친구가 하는 대로 따라 씻었던 기억도 있다. 연탄불로 난방과 취사를 모두 해야 해서 연탄구멍을 맞추는 도사가 되었다. 삭을세 방을 매년 옮겨 다녀 리어커 이사에 신물이 날 정도였다. 정전이 생겨 야간 자습 조기 귀가 때 객기인지 만용인지 모를 행동했던 추억도 있다. 포도 서리를 하러 가다가 기차 소리에 놀라 철로를 뛰다 친구의 신발에 못이 박혔던 웃지 못할 사연도 이제는 웃으며 얘기할 수 있다.

이렇게 학창 시절의 추억 속에는 늘 교정이 있었고, 그 중심에는 친구가 있었다. 그 속에는 우정이라는 이름의 사랑이 있었다. 배고픔, 아픔, 기쁨의 추억들이 어려움을 견디는 힘이 되고 있다. 우리는 밥만 먹고사는 것이 아니라 추억도, 꿈도, 나이도 먹고 살아간다. 이제 먹는 양도 식사 습관도 바뀌었지만, 추억은 오히려 더 생생해져 온다.

아이들 키우면서 고향의 모교를 방문했다. 초등학교는 이미 폐교되어 지진 대피 시설로 변해 있었다. 건물도 일부 사라지고, 줄기차게 드나들던 가게도 없어졌다. 중학교는 재학생이 천 명이 넘었었는데, 지금은 학생이 30명도 채 되지 않는다. 한 반도 안 되는 전교생이 서로 친밀할 수는 있겠지만, 내가 겪었던 그 시절의 추억으로는 짐작조차 어렵다. 후배들에게 새로운 시대의 꿈과 추억이 자리 잡기를 바랐지만. 사라지고 줄어든 모교의 모습은 쏠쏠한 아픔을 더했다. 고등학교는 건물이 새로 지어졌고 학생 수는 3분의 1로 감소했다. 지역의 오랜 전통을 가진 명문고로서 그 지위를 유지하고 있어 참으로 다행이라는 생각이 들었다. 그래서 고등 시절의 기개로 어깨와 가슴을 다시 펴 본다. '희망(希望)은 크게, 신념(信念)은 굳게, 아량(雅量)은 넓게'의 교훈과 교가, 학도호국단 그 시절이 그리워온다.

초고령 사회에서 미래세대가 줄어듦이 우리 모두의 고민이다. 특히 시니어 세대에게는 더욱 절실히 다가와야 할 문제인데 무디어진 나를 깨우치게 된다. 시골 학교를 어떻게 살릴 수 있을까? 그 지역 특산물이나 특성에 맞는 체험장으로 전환해 외부인과 이주민을 유입하는 방안을 모색해야 한다. 일손 부족과 일자리 부족 문제를 해결할 수도 있다. 신도시를 제외하면 대도시도 폐교 위기에 처한 학교들이 있다. 혹여나 노인 시설이나 장애인 시설이 들어오려 하면 주민들의 반대가 극심한 현실에 생각할 점이 많다.

여러 가지를 포기하며 살아가는 젊은이들을 보는 마음은 착잡하고 애처롭다. 이는 이미 오래전부터 국가적인 과제가 되었다. 관점과 시선의 변화, 그리고 수용이 절실하다. 다문화가정과 사회적 약자에 대한 역지사지의 마음, 열린 태도가 절실하다. 과연 무엇으로, 어떻게 이 사회에 이바지하며, 어른으로서의 품위를 지켜갈지 다시 고민하게 된다.

학창 시절 이야기도, 모교 방문의 의미도 후배들과 교정이 있을 때 더욱 빛을 발한다. '빛나는 졸업장을 타신 언니께 꽃다발을 한아름 선사합니다'라는 노래를 부르며 울고 웃고, 기쁨과 서운함을 송가와 답가로 표현하던 졸업식은 이제 내 마음속 역사에만 남아있다. 그래도 이렇게 회상하며 글로 적을 수 있으니 행복하다.

군사우편의 인연

누구나 마음속 깊이 간직하고 있는 소중한 추억의 물건이 있을 것이다. 그 물건은 단순한 소유를 넘어, 내 삶에 깊은 의미와 감동을 선사하곤 한다. 나에게는 어릴 적 즐겨 듣던 『향기 품은 군사우편』이라는 노래 가사가 바로 그런 의미를 지닌다.

'행주치마 씻은 손에 / 받은 님 소식은 / 능선의 향기 품고 / 그대의 향기 품어 / 군사우편 적혀 있는 / 전선 편지에 / 전해주는 배달부가 / 싸리문도 못 가서 / 복받치는 기쁨에 / 나는 울었소' 이 노랫말처럼, 그 동란 시절

사람들은 얼마나 서로의 편지를 애타게 기다렸을까? 내 삶에 편지가 물어 온 소중한 인연 이야기다.

까마득한 군 복무의 추억과 함께 간직하고 있는 물건이 몇 가지 있다. 전역 패, 군번줄 사진첩, 그리고 글을 꼬박꼬박 적은 자필 책과 편지들이다. 그중에서도 가장 소중한 것은 바로 묘령의 아가씨와 주고받은 수백 통의 편지다. 하루하루 기다림 속에 기쁨과 힘이 되었던 그 시절의 편지들은 이제 집안의 보물 1호가 되었다.

학교를 마치고 늦깎이로 초여름에 입대했다. 엄마의 배웅을 뒤로하고 기약 없는 생이별에 흘러내린 눈물이, 엄마에게는 얼마나 더 큰 아픔이었을까 싶다. 요즘의 의술이었으면 현역 대상이 아니었을 몸으로, 장애를 안고 고통스레 훈련을 마쳤다. 다행히 자대에서 차출되어 강원도 지역을 두루 다니며 특수직으로 복무하게 되었다. 첫 파견지에서 좋은 선임과 파트너가 되었고, 주기적으로 선임을 졸라 미래의 아내 될 사람의 주소를 받아내어 첫 편지를 보냈다. 떨리는 마음의 2주를 보내고, 흑백 증명사진 1장이 들어 있는 편지를 받았을 때의 기쁨은 휴가 명령만큼이나 컸다. 이내 답장을 보내고 다음 답장을 기다릴 때의 마음은 마치 국방부 시계가 거꾸로 가는 것만 같았다.

군과 민간의 소통이 편지와 전보 외에는 없던 시절이라 편지를 자주 썼다. 지금도 어머니가 손수 옛 글씨로 세로쓰기하여 보내주신 편지가 눈에 선하다. 엄마는 면회는 꿈도 못 꾸고 오매불망 아들의 편지를 얼마나 기다렸을까 싶다. 나도 엄마도 눈물로 읽고 썼던, 우리 집의 첫 번째 군사우편이었다. 형님이 보낸 깨알 같은 걱정의 편지도 고된 군 생활을 견디게 하는 힘이 되었다. 군 시절의 구속된 짐이 얼마나 무거웠으면 그랬을까? 한때는 꾸는 꿈의 절반 이상이 군대에 다시 잡혀가는 꿈이었다.

사춘기 시절 펜팔의 경험과 마음을 표현하는 약간의

문장력, 그리고 서로에 대한 믿음이 인연의 토대가 되었다. 문예잡지, 성경과 불경 속에서도 글감을 찾아 베끼기도 하고 창작하기도 했다. 거꾸로 매달렸던 군 시계추가 어느덧 전역을 명했고, 편지와 공중전화통화로만 소통했던 그녀를 처음 만났다. 오랜 시간 편지를 주고받아서인지 다방에서의 첫 만남은 긴장은 되었지만 이내 자연스러워졌다. 편지글의 특별한 친화력, 그것이 바로 소통의 힘이었다.

어떻게 해서든 빨리 편지를 보내려는 마음이 가득했다. 외출 나가는 병사나 전령 편으로 우표를 구하기도 했고, 군사우편 도장을 찍어 보내기도 했다. 손으로 꼬박꼬박 적었으니 얼마나 많은 시간을 투자했을까? 돌이켜보면 대단한 집념이었다. 행정실에서 타자를 배워 쳐서 보내기도 했고, 단풍잎을 주워서 말리고 다듬어서 보내기도 했다.

그렇게 보낸 편지들을 그녀는 그야말로 자유롭게 엄마

와 동생들이 돌려 보았다는 고백을 들었다. 순간 머쓱했지만, 편지에 대한 심사평이 후했는지 내가 글을 잘 썼는지는 모를 일이다. 고무신을 거꾸로 신지 않고 기다려주었으니, 중매쟁이 역할을 해준 선임과 하늘과 편지에 참 감사할 일이다.

그렇게 시작되었던 편지는 전역 후에도 본가로 마산과 부산으로, 배달 오토바이에 실려 나를 찾아왔다. 온갖 새 편지지와 예쁜 디자인의 봉투, 우표로 치장하고서 말이다. 그때 그 시절의 수백 통의 편지들은 이제 휴식에 들어간 지 오래다. 함에 담겨 대나무 숯과 함께 조용히 숨 쉬고 있다. 언젠가 순서대로 정리하려 했는데 아직 못하고 있어 미안한 마음뿐이다. 언젠가 편지들을 일 열로 세워 햇볕을 쬐어주며 이야기하고 싶다. '얘들아, 너희들 참 대단했다. 40년을 말없이~ 어땠니?' 물으니 '답답할 때도 포근할 때도 있었지만 늘 함께여서 좋았다'라며 고서적 향내를 풍기며 답할 것 같다.

장성한 딸이 어릴 때부터 가끔 몰래 편지를 훔쳐보고는 아빠 앞에서 "사랑하는 경아 씨!" 읽고 외우면서 나를 놀리기도 했다. 아들은 안 그런데 딸은 참 특이하다. 웃으며 고함쳤어도 더없는 행복감이다. 이래서 지금껏 '딸 바보'를 오랫동안 하고 있다.

편지야말로 서로의 관계 속에서 큰 역할을 할 수 있는데, 스마트폰의 카톡에 밀려나니 아쉽다. 진심 어린 소통에 편지는 가장 믿음직한 도구다. 가까운 이에게, 혹은 소원해진 이에게 편지 한번 적어보면 어떨까? 생각만으로도 그 마음에 이미 행복감이 꽃 피게 될 것이다. 그 꽃이 바로 삶의 참맛이다.

'군사우편으로 시작된 편지'는 봄날같이 새로운 꽃을 피우고 있다. 편지글의 정서를 물려받았는지 딸도 아들도 세심하고 감성적이다. 가정의 달, 신문사 주최의 손편지 공모전에 떨리는 마음으로 응모했다. '행복 상'을 수상하여 쿠폰으로 맛있는 '갈비'를 쏠 때는 '행복 상'이 주는 참 행복을 맛보았다. 편지 공모전이 여럿 있으니, 많은 분이 편지로서 행복을 맛보았으면 좋겠다.

  편지는 내 삶에 중매쟁이로 다가와 나를 새로 태어나게 했다. 편지도 나를 위해 이렇게 맹활약했는데 보물의 주인인 나는 편지에 무엇으로 답하고 있는가? 장점 가득한 감성 계발의 편지쓰기에 사부작사부작(조용히, 천천히) 내 시간을 줄 것이다. 글자가 보이는 그 세월까지 말이다. 어쩌면 우리의 삶도 하늘이 보낸 편지로서의 사명이 아닐까 생각해 본다.

구포역 슈퍼맨

가방을 멘 중년 아저씨가 계단 가드레일을 잡고 숨을 몰아쉬며 역 계단을 날 듯이 '탁탁 탁탁' 다급히 뛰어내린다. 손을 들어 "아저씨, 아저씨, 나 좀 태워 가입시다." 외치며 거친 숨을 몰아쉰다. 무뚝뚝한 승무원의 "아저씨, 일찍 좀 다니세요" 한 말씀에 "아이구 예~ 고맙습니다." 하며 안도의 숨을 고르며 기차에 몸을 싣는다.

어린 시절 운동회 때 뛰어보고는 이렇게 촉박한 적이 없었다. 스스로 생각해도 대단한 질주였다. 전철 안에서부터 뛸 준비를 하고, 문이 열리자마자 에스컬레이터 육교를 내 달렸다. 계단을 뛸까, 엘리베이터를 탈까를 순간 고민하며 출발 시각 1분도 여유 없이 인파를 헤집고 나르듯 뛰었으니 참으로 가관이었다. 못 타면 자고 내일 가도 되는 데 말이다. 생각하면 왜 그랬을까 싶다. 어떤 약속도, 기차역도 최소 30분 전에 나가 기다리는 나였는데, 갈아타는 두 군데 역에서 아슬아슬하게 전철을 놓쳐서 늦어지게 되었다. 운이 따르지 않았던 셈이다. 평생에 처음으로 좋은 훈계를 듣게 된 구포역은 그렇게 인생의 한 조각 추억으로 남았다. 이 모든 것이 구포역을 둘러싼 나의 출장 감회였다.

새벽부터 서둘러 경부 하행선 무궁화를 5시간 탄다. 잠시 눈을 붙였다가 카페 칸으로 이동해서 슬슬 몸을 풀고 전화로 당일 일정을 잡는다. 낙동강을 보며 태고의 자연이 이러했을까 하는 상상에 잠겨 여유를 부린다. 경부선을 오가며 4계절마다 새로운 풍광을 감상하며 늘 여행의 즐거움을 누린다. 점심쯤 구포역에 내리면 그리던 돼지국밥으로 든든히 속을 채운 뒤 출발한다. 평소 같으면 정신없이 땀을 훔치며 일정을 소화한 뒤 오후 4~5시쯤 여유롭게 역에 도착하는 '슈퍼맨'이었건만, 그날은 유독 전철 운이 없었다. 여느 때 같았으면 넉넉히 와서 이른 저녁으로 구포국수를 먹었다. 급할 때는 김밥이나 달걀로, 추울 때는 토스트나 어묵을 먹는데 그날은 물도 못 마셨다.

번갯불에 콩 튀기듯 하는 출장에는 언제나 지난 삶의 추억이 동행한다. 25년을 살아온 해운대며 영도며 동래며, 그곳에서 알고 지내던 사람이 사무치게 그리웠다. 구포시장도 살던 곳이며 충렬사도 다시 가보고 싶다. 빠듯한 출장이라 늘 그리움의 추억을 달래며 올라온다.

부산 사람이어서 느끼는 우스운 감정이 있다. 내가 타는 전철역에 부산어묵 파는 아저씨가 온다. 누가 "부산어묵 맞아요?"라고 물었다. 그 아저씨의 대답이 걸작이었다. "어묵은 인천에서 만들어도 모두 새벽에 올라온 부산어묵 이라예!" (하하)그렇구나, 어묵 하나에도 세상의 이치가 담겨있음을 깨닫는다.

2호선 구명역에서 구포역으로 걸어오다 보면 만나는 골목길은 내가 뛰놀던 그 길 같아서 자주 찾는다. 곶감 빼먹듯 추억을 먹는 힘으로 오늘을 사는 나이가 되었다니 묘한 감회에 젖는다. 내가 사는 곳에는 돼지국밥이 없어 순대국밥을 먹는데 향토 돼지국밥과는 맛이 영 딴판이다. 제2의 고향 부산의 그리움이 떠나지 않는다.

하행 기차로 낙동강을 따라 부산의 관문 금곡, 화명 구포로 진입한다. 동래와 사상으로 갈라지고 만덕고개 터널 아래에는 지하 9층의 깊이를 자랑하는 만덕 전철역이 있다. 높으니 깊구나. 돌연 '나의 인품의 깊이와 폭은 얼마일까'라는 생각이 스친다.

여기는 육로, 철로, 수로, 항로가 모여있다. 구포역 육교에 올라서면 마치 영남 경제가 보이는 듯하고, 구포대교를 내다보거나 석양을 볼 때는 금빛 물결이 장관을 이룬다. 서울의 수많은 한강대교를 건널 때의 느낌과는 사뭇 다르다. 적어도 구포대교에는 '오늘도 힘내요' 같은 감성 문구는 없지만, 그 투박함이 오히려 풋풋한 아름다움을 전한다. 물론 한강의 모습도 변했어도, 낙동강이 젖줄인 부산의 뚝심과는 사뭇 다른 정서다.

올라오면서 기차에 얽힌 추억이 오간다. 과거 꿈과 행복을 실어 나르던 완행열차에서 '삶은 달걀'이라고 외치며 인생을 달걀로 가르쳐 주었던 아저씨가 생각난다. KTX가 있어도 무궁화는 또 다르다. 비둘기호가 있었기에 오늘의 쾌속 열차가 태어났다. 더없이 옛것이 소중하다. 무궁화는 '무궁하자'고 내게 말한다. 구포역과 구포다리, 낙동강은 6·25를 알고 있다. 알면 알수록 임시 수도였던 부산을 사랑하지 않을 수 없는 이유다.

왕복 10시간 당일 출장, 객실에서 많은 일을 펼친다.

사람도 보고 책도 보고, 쪽잠도 자고, 영상도 듣지만 멍하게 밖을 볼 때가 제일 좋다. 출장은 왜 그리 바쁜지, 상행 기차 시간에 쫓겨 사람들을 만나지도, 맛있는 것을 먹지도, 가보고 싶은 곳을 가보지도 못하고 돌아온다. 고향 말씨는 언제 어디서도 반갑고 전화로 들어도 힐링 된다. 그런데 참 희한하다. '난 서울 출신이라예' 아무리 웃으며 강조해도 아무도 믿지 않는다. 이런저런 생각과 우리의 꿈을 실은 무궁화가 삼천리 반도를 넘어 대륙으로 달리기를 소망해 보는 행복 출장이었다.

어제는 치열했다. 내일은 도전이다. 바쁜 일상에 오늘을 잘 살려면 서행구간의 쉼을 가운데 두자고 다짐한다. 쉬어 가고 자고 가고 쉬엄쉬엄 가자. 그래야 오래갈 수 있다. 수로, 육로, 철로, 그리고 하늘길로 추억을 만드는 다양한 꿈을 위한 지구별 여행을 응원한다. 인생은 내 길을 만들며 돌아올 수 없는 긴 길을 가는 여행이다. 그러기에 오늘이 더욱 값져야 한다.

아오자이

    장롱에 십수 년째 걸려 있는 옷이 있다. 연분홍과 연녹색이 어우러져 우아함이 그지없다. 속치마와 바지, 그리고 가슴 장식까지 달고 섰다. 갖춰 입은 모습은 마치 비밀 왕궁의 여왕 드레스 같다. 서민의 일상복이라기엔 곡선미가 두드러지는 귀족의 예복처럼 느껴진다.
    이 옷은 내게 옷 그 이상의 옷이다. 베트남 호치민을 업무상 여러 번 방문했는데, 그곳과의 첫 만남이 워낙 강렬했기에 그 추억 속으로 다시 떠나 보고 싶다.
    장거리 비행은 처음이라 극도의 긴장감에 호치민 공항에 도착하자마자 공황 상태가 올 지경이었다. 공항에 내리자 숨이 헉 막혔다. 매캐한 냄새가 나를 에워쌌다. 마중 나온 분들의 안내로 호텔로 가는 길에 나는 또 한 번 놀랐다. 적신호에 멈춰 선 오토바이들이 마치 마라톤 출발 선상에 서 있듯 듯했다. 신호가 바뀌자 밀물처럼 굉음을 내며 일제히 질주한다. 자전거를 탄 여성들의 이국적인 옷이 유독 눈에 띄었다. 처음 보는 광경에 궁금증을 참지 못하고 질문을 쏟아냈다. 그 옷이 바로 아오자이였다.

아침에 등교하는 여학생들이 모두 아오자이를 입고 자전거 페달을 밟는 모습은 평화롭고 고요하면서도 힘이 넘쳤다. 붉은 별이 빛나는 국기를 가진 나라에서 펼쳐지는 그 놀라운 광경에 눈을 뗄 수 없었다. 벤탄 시장에 기념품을 사러 가서 또 놀랐다. 작은 체구의 아가씨가 인형처럼 환한 웃음으로 안내했다. 달러로 값을 묻고 손 몸짓으로 재미있게 흥정하며 값을 깎았다. 선물로 수공예품을 샀는데, 지금 생각하면 왜 깎았을까 싶다. 좀 더 얹어 줄걸. 하는 아쉬움이 남는다.

메콩강 델타를 여행했다. 바다처럼 넓은 흙탕물이었지만, 풍부한 수자원을 바탕으로 중요한 교통 수로의 역할을 한다고 했다. 중국에서 시작하여 미얀마, 라오스, 태국, 캄보디아를 거쳐 베트남에서 바다로 흐르는 삼각주이다. 통통배 소리, 이국적인 냄새, 그리고 땀이 뒤엉켜 신기하고 희한한 관광 체험을 선사했다. 수상가옥에서는 웃통을 벗고 개와 함께 물 위에서 생활하는 모습이 눈에 띄었다. 아이들이 헤엄치며 배를 따르는 모습도 인상 깊었다. 배에서 내려 농라이(잎 모자)를 쓴 여인의 나룻배에 올라탔다. 가냘픈 아낙이 장정 넷을 노를 저어 실어 날랐다. 진흙 속에서 지조를 간직한 작은 거인의 저력이 느껴졌다. 외유내강. 풍파를 견디며 순수로 피운 연꽃(신성한 아름다움을 상징하는 베트남 국화)의 여유를 보았다.

관광지에 내리니 맨발의 꼬마들이 다가왔다. 나를 환영하나 싶었는데 계속 '1달러'를 외친다. 환전해둔 달러를 몇 장씩 주었지만, 귀국해서도 내내 마음에 밟혔다. 1달러를 좀 더 주고 올걸. 지금은 어른이 되어 어디서 어떻게 살고 있을까 궁금해진다. 관광지에서 현지 양봉의 벌꿀을 사 왔는데 진짜 꿀이라 아직도 내게는 그 맛과 신뢰가 남아있다.

도로에는 자동차보다 오토바이와 자전거 탄 사람이 훨씬 많아. 행여나 접촉사고라도 나면 어쩌나 아찔했다. 요리조리 미꾸라지 빠지듯이 곡예를 펼치는 모습이 놀라웠다. 한번은 부딪혀 굴렀는데 서로가 무어라 말하더니만 툴툴 털고 가 버렸다. "여기에서는 접촉사고가 나면 각자가 알아서 수리하는 식"이라고 한다. 우리로서는 상상하기 어려운 일이지만, 그들의 유연한 태도에 여러 생각을 했다. 오토바이에 여럿이 껴안고 타고 다니는 사람들 사이에서, 아오자이가 아닌 미니스커트를 입은 여성이 보였다. 궁금해서 물으니 한국인 아니면 일본인이라고 했다. 그때 스친 부끄러움이 아직도 생생하다. 왜일까?

사회주의 국가에서 북한 선박을 처음 보았을 때 한편으로는 불안함이 있었다. 거리는 정신없었지만, 만나는 이마다 웃는 모습이 정감 있어 편안했다. 업무로 만난 사이라도 따뜻하며 친절했다. 전통 쌀국수 '퍼'를 먹는데 입맛에 맞는지 세심하게 신경 써주었다. 야채샐러드에 올린 고기를 찢어 주었다. 초대받아 방문했던 왕 마담네 가족의 귀한 대접을 잊지 못한다.

베트남 전쟁에 한국군의 공로도 있지만, 민간 폐해도 많았다는 얘기에는 부끄러움을 피할 수 없었다. 어쩌면 한국인의 피가 누군가에게는 흐르고 있을 텐데, 아픔과 유대감이 함께 밀려왔다. 전쟁기념관에서 맹호부대의 활약상을 봤다. 한국군 병사의 월급이 필리핀보다 훨씬 낮았다는 사실을 알게 되자, 한강의 기적에 대한 감사가 뭉클하게 밀려왔다.

외세 침입의 정서와 농경문화에서 닮은 점이 많아 마치 동생 나라 같다. 양국의 전통의상을 입어보는 민간 외교는 어떨까? 아오자이와 한복을 바꿔 입고 광화문을 거닐며 경복궁에서 사진을 찍어보는 모습이 떠오른다. 따스한 손 잡음이 양국 간의 이해를 깊게 하고, 미래세대에 긍정적인 영향을 줄 수 있을 거라는 희망을 품는다. 서로 사랑하며 오누이처럼 살아갈 사람들이다.

마음에 드는 아오자이를 딸 주려고 샀는데, 딸이 입지 않으니 아직 주인이 없다. 야위어진 내게 맞을까, 한번 입어볼까 하는 생각에 혼자 행복해진다. 집에 가면 아오자이를 제대로 살펴보고 싶다.

아 옛날이다. 그곳 문화도 지금은 많이 바뀌었겠지? 아오자이의 추억이 한류와 축구 열풍을 타고 양국의 다음 세대가 긴밀히 연합하면 어떨까? 중국을 거쳐 하노이와 호치민을 잇는 육로가 열릴 날은 언제쯤 올까?. 한-베 관계를 잇는 작은 실천은 무엇일까? 식당이나 전철에서 간혹 만나는 그들에게 따뜻한 말 한마디 건네는 용기다. '신 짜오(안녕하세요), 또이 유 반(사랑합니다), 깜언 반(감사합니다)'를 다시 연습한다.

다시 가보고 싶은 호치민, 새로 가보고 싶은 하노이. 덤으로 가보고 싶은 다낭의 그날이 기다려진다.

웃음 무기

가끔 하는 아재 개그가 있다. "소리 없는 웃음을 미소라 하지요. 그러면 '미소'의 반대말은?" 뜸을 들였다가 '당기소'라 한다. "지하철에 앉고 싶은데 자리가 없을 땐 어떻게 하면 될까요? 아주 쉬워요. 하하하 웃어 보세요. 자리를 비켜 줄 거예요." 모두가 웃는다. 우리는 얼마나 웃고 싶었던가?

웃으면 복이 온다. 웃는 얼굴에 침 못 뱉는다는 속담처럼 웃음은 삶의 감초격이다. 만병통치요 만국 공통어다, 세로토닌의 보고다, 각박하게 살다 보면 웃을 수 없는 상황에서 웃어넘기는 지혜가 꼭 필요하다. 웃음이 절실해서 웃음 치료와 지도법을 배운 적이 있다. 나만의 웃음 이야기를 열어 본다.

웃음의 기능과 역할이 다양하지만 나에게 호신용 무기가 된 사례다. 봄날에 예술공원 가는 길목 산속 식당에서 풀어 놓은 큰 누렁개 두 마리가 으르렁거리며 짖어댄다. 위협적이었다. 돌아갈 수도 지나갈 수도 없다. 소름이 돋고 털이 쭈뼛쭈뼛 섰다. 주위에 막대기도 없어 머릿속이 복잡해졌다.

그 순간 평소 익혀두었던 웃음 법이 생각났다. '여봐라, 가소로운 녀석' 하며 장수가 상대를 제압하는 호기로운 웃음을 사용해야겠다 싶었다. 숨을 한껏 들이쉬고 호랑이 포효 자세로 크고 길게 내뿜으며 어슬렁어슬렁 다가갔다. 아 그런데 그 순간, 멈칫하더니 개 두 마리가 꽁무니를 내리고 재빨리 도망쳤다. 긴장되었어도 확실히 제압해야겠다 싶어 더 크게 웃으면서 지나갔다. 돌아올 때 그 길에 또 있을까 불안했는데 애들이 나를 보고는 혼난 일을 기억하는지 건물 뒤로 숨었다. 개 떼에게 본때를 보여준 내가 대단했다 싶어 호쾌한 웃음이 났다. 무시무시한 '개 쫓는 웃음'을 이 위기에서 개발했다.

웃음 기량을 쌓아가던 어느 가을에 산행하다가 쉬고 있었다. '바스락바스락' 위를 향해 돌진해오는 짐승 소리에 놀라 순간 늑대인가 싶었다. 소름이 돋고 피가 머리로 몰린 것 같았다. 작대기를 치며 내가 개발한 웃음 무기로 맞섰다. 아니나 다를까 호랑이 마주한 동물처럼 처음 듣는 괴상한 소리에 줄행랑을 쳤다. 검붉은 큰 개 2마리. 위기를 넘겼어도 큰일 날 뻔했다. 나이가 이렇게라도 했지 홀로 산행은 위험천만하기 짝이 없구나 싶다. 특유의 무기를 가졌으니 어떤 개를 만나도 괜찮다 싶다가도 이런 웃음은 더 사용하고 싶지 않았다.

동네 산책길에 옆 식당에서 키우는 누렁개가 하루는

풀려 있었다. 조심조심 가는데 이놈이 나를 자주 봐서인지 짖지도 않고 달려와 좋다고 다리를 껴안고 놓아주지 않았다. 난감한 애정 공세에 힘들게 겨우 빠져나와 옷을 터는데 너털웃음이 났다. 또 종종 천을 따라 걸을 때 스님을 따라온 개를 본다. 꼬리를 흔들며 앞서 걷지 않고 졸졸 뒤따라 걷는다. 개도 수양했나. 염화미소가 생각났다. 전철역에 가는 길에는 개를 업고 안고 유모차에 태운 광경을 심심찮게 본다. 이전에 없던 장면에서 웃음 아닌 웃음이 삐져나온다. 아기를 안겨 줄 수도 없는 노릇이라 빨리 잊으려 한다. 이렇게 개 때문에 너무 다른 감정으로 웃으며 세상을 읽게 되었다. 개와 사람의 희로애락이 엮인 추억이다.

웃음다운 웃음 건강한 웃음이 그리워 온다. 기를 뿜는 웃음, 유머와 풍자의 웃음, 울음 뒤의 웃음, 명상 힐링의 웃음, 생명 회복을 위한 웃음을 낳고 싶다. 행복의 필수 요건인 웃음은 전신 유산소 운동이다. 긴 들숨과 날숨으로 폐의 흡입력을 키운다. '박장대소(拍掌大笑)' 손뼉 치며 머리 흔들며 15초 소리쳐 웃으면 에어로빅 5분 효과가 난다. 30초를 웃으면 100m 전력 질주와 같은 심장 박동을 느낀다. 부작용 없이 좋아도 처음에는 그렇게 할 수가 없다. 웃는 법을 익히고 꾸준히 연습해야 한다.

 부드럽고 약하게 시작해서 크고 길게 내뱉어야 한다. 321개의 근육이 움직여 긴장과 이완하며 자율신경이 좋아진다. 식욕 조절로 다이어트가 되며 뇌가 활성화된다. 웃음이 주변에 피해를 줄 수 있다면 소리 없는 웃음도 좋다. 실컷 우는 눈물도 치유된다. 웃을 일이 없어도 그냥 웃으면 된다. 원가 들지 않는다고 웃음이 싼 게 아니다. 억만금을 주어도 살 수 없고 못 웃는 사람은 울지도 못한다. 웃음 공부는 신선하고 심오하다. 죽을 거 같은 암울한 상황에서 억지로라도 웃어야 산다. 웃으면 풀리고 펴진다. 좋은 인상 만들기에 웃음은 최고의 명약이다. 웃음 띤 얼굴에 미용과 의술이 따라올 수 없다. 웃음은 속에서 나오기 때문이다.

게다가 웃음은 친구를 데려오니 웃음 부자가 된다. 함께 웃으면 33배의 효과를 낸다. 호탕하게 웃어 보자. 부족이 가시고 만족이 드신다. 이것이 나의 웃음 지론이다. 세상에 다시 웃음 향기 퍼뜨리고 싶다.

주열기(注熱器) 주애인(注愛人)

어깨가 이상했다. 가구 옮긴 것 외에는 특별한 일이 없었는데. 예전 같으면 아무렇지도 않았을 일이다. 낫겠거니 하며 주물렀지만, 시간이 지날수록 심해져 갔다. 근육이 늘어난 듯 팔을 제대로 흔들 수 없었고, 뒷짐도 어려웠으며, 셔츠를 입을 때마다 '으악' 소리가 절로 나온 지 벌써 한 달이나 되었다. 확실히 탈이 난 것이다. 또 수술해야 할지도 모른다는 좌절, 절망감에 앞이 캄캄해졌다.

어릴 때는 철봉 놀이와 평행봉, 턱걸이를 곧잘 했었다. 어깨를 너무 많이 사용해서인지, 아니면 원래 어깨가 약한 탓인지 알 수 없다. 오른쪽 어깨를 다쳐 수술받고 나아졌는데, 이번에는 왼쪽 어깨에 심상치 않은 신호가 왔다. 마치 신체도 많이 쓰면 닳아 못쓰게 되는 소모품과 같은 것일까 하는 생각마저 든다. 몸의 올바른 사용법을 미리 알았더라면 얼마나 좋았을까? 건강에 대해 큰 걱정 없이 지내왔던 내가 이번에 돌이킬 수 없는 질환으로 후회하며 깨달았어도 몸 사용은 아직도 모르겠으니 건강 문제로 또다시 후회하지 않을 자신이 없다. 가까운 정형외과에서 오히려 상태를 악화시킨 뼈아픈 경험이 있어 멀리 있는 병원으로 가려니 망설여져 차일피일 미뤄온 것이다.

모든 일에는 최적의 시기와 때가 있는 법이다. 시기를 놓치거나 서두르면 상황을 악화시키고 손해를 볼 수 있다. 다시 기회가 주어져 만회할 수 있는 일도 있지만, 그렇지 못한 일도 있다. 특히 건강 문제는 큰 병뿐만 아니라 사소한 불편함도 방치하면 병을 키우기 쉬우므로 가볍게 여겨서는 안 된다. 옛말에 '호미로 막을 것을 가래로 막는다.'나 '소 잃고 외양간 고친다.'라는 속담은 모두 사후 약방문의 어리석음을 경계하는 말이다.

어깨 운동을 해야 할지, 하지 말아야 할지 가늠이 어려웠다. 통증이 있다가 없기를 반복하며 스트레스를 가중시켰다. 안타깝게 지켜보던 아내가 "주열기(注熱器)*를 몇 달 해보고 안 되면 그때 병원에 가자"라고 했다. 그래서 따뜻한 물수건으로 찜질하고 주열기로 어깨와 팔을 주열 했더니 편안하게 이완되면서 잠이 사르르 오는 미세한 반응을 느꼈다. 이제 병원에 가지 않아도 될 것 같은 희망이 비쳤다. 이내 목소리가 살아났다.

주열기는 장모님의 치료를 통해 알게 된 열 살이 넘은 우리 집 주치의와 같은 존재이다. 일본인 미쯔이 여사가 평생에 걸쳐 개발한 이 제품은 몸에 열을 가해 체온을 높임으로써 암세포 증식을 억제하는 원리다. 척추부터 시작하여 전신을 주열하다 보면 몸 상태가 좋지 않은 부위는 뜨겁게 반응한다. 사용법은 책자를 통해 쉽게 익힐 수 있으며, 부작용 없이 열로 치료할 수 있어서 아내가 요긴하게 사용하고 있다. 아내는 주열기를 통해 여러 부위를 치료했고, 몇 사람에게도 전파했다. 꾸준히 사용한 사람들은 큰 효과를 보았어도, 대부분은 그 가치를 제대로 알지 못해 '용두사미(龍頭蛇尾)'격으로 제대로 쓰지 않게 되니까 안타깝다. 나 역시 그랬으니 할 말이 없다. 아내의 권유에 따라 다시 주열기에 의지하고 있다. 얼렁뚱땅은 아닌데 인내력이 없는 나는 주열 선생 아내를 따라가지 못한다.

몸에 열을 주입하며 나아짐을 느끼는 순간, 문득 '마음에 열을 넣는 방법은 없을까?' 하는 생각이 스쳤다. 마치 사랑을 주사하는 사람 '주애인(注愛人)'하는 생각이 들었다. 아 이것 참 좋은 일이구나 하는 발견에 기쁨이 차온다. 이렇게 무용한 생각으로도 기쁜 나다. 어깨 아파서 깨달은 수확이 '주애인(注愛人)'이다. 말과 글, 따뜻한 도움이 사랑을 주사하는 일 아닐까. 사랑 주사로 마음을 높인다면 시기, 질투, 질병 고민은 줄고 건강 행복 지수는 많이 오르겠구나. 자주 해 오던 생각이 이렇게 꿰어지는 행복감에 통증이 빠져나가는 듯하다.

몸의 아픔은 살려는 몸부림이며 성장이 뒤따라옴을 알아도 피하고만 싶다. 본능이 이성보다 앞서기 때문일까? 운동도 고통을 동반한다. 아파서 찢어진 근섬유가 재생되면서 근육이 된다고 한다. 아프기까지는 준비이고 아픔부터 본 게임이다. 아프고 외롭고 싫은 것도 견딜 만한 세월을 살았어도 그것은 아직도 서툴고 힘들기만 하다.

주열 하면서 어깨 운동을 조금씩 했다. 특별한 이유 없이 생긴 증상은 자연적으로 나을 수 있다고 믿는다. 그래도 운동해야 하는지? 안 해야 하는지? 냉찜질, 온찜질 어느 것을 해야 하는지? 때와 방법을 몰라 반대로 해서

증세를 악화시키기도 했다. 때를 놓치지 않고 싶은데, 인생에 처음 겪는 일이라 시행착오는 늘 따를 거 같다. 고통과 상처가 삶에 늘 따라와도 보듬고 싸매는 이가 있으니 참 감사하다. 꽃을 피우며 향을 내주는 하늘을 다시 올려다본다.

살아있음의 증거인 통증으로부터 회복은 개인뿐만 아니라 사회, 그리고 자연 모두에게 필요한 일이다. 스스로 치유하고 앞으로 나아가게 하는 에너지는 어디에서 나올까?

세상에 사랑을 불어넣는 '주애인(注愛人)'의 삶에 내일을 걸어본다. 아픈 어깨를 달래며.

*주열기 : 열을 집중시켜 몸의 아픈 부위에 주입하는 원리를 이용한 의료기기. 책을 보면 인체의 구조와 원리를 알게 되고 그냥 꾸준히만 하면 많은 병의 예방 치료가 가능하다. 단순히 몸의 온도를 높이는 온열기와는 차원이 다르다. 가정마다 꼭 필요한 의료기다 싶다.

국선도와 몸 살림과 명상

여기저기서 '뿡. 뿡, 부르릉' 오토바이 소리가 실내를 가득 채운다. 민망해서 자기는 놀라고 옆 사람은 웃음을 터뜨린다. 강사는 오히려 칭찬하며 박수까지 쳐준다. "세상에, 저 언니 좀 봐! 팔이 올라가고 어깨가 펴지네. 나 못 살아 못 살아, 그렇죠! 잉" 몸 살림 수업에서 자주 목격하는 기분 좋은 몸의 변화다.

행복도 건강에서 시작된다. 건강을 관리하는 차원이 아니라 나에게는 절실한 문제였다. 일반적인 운동은 엄두도 못 내고, 조심스럽게 걷기부터 해야 했다. 행정복지센터에 주민자치 프로그램이 있다는 걸 알고 기다렸다가 조마조마한 마음으로 1순위로 접수했다. 혹시 경쟁에서 밀릴까 걱정했었다. 그렇게 '국선도'를 등록했고, 뒤에는 '몸 살림 운동'을 경험했으며, 지금은 체력단련을 계획하고 있다.

이런 종류의 운동은 처음이라 국선도 수련 첫날은 어색하기만 했다. 운동과 호흡을 열심히 보며 따라 했다. 살기 위해 호흡 명상을 꾸준히 연습해왔고, 젊을 때 운동을 했던 터라 다들 어려워하는 두좌법(물구나무서기) 수련을 첫날부터 힘들게나마 해낼 수 있었다. 강사님과 옆 사람들의 칭찬이 이어졌고, 고마움과 함께 우쭐함이 살짝 비쳐왔다. 하하, 참 못난 내 모습이다.

들뜸도 잠시였다. 그다음 수련부터 자리 문제로 신경전이 벌어졌다. 운동을 좀 한다 싶은 내가 불편한 존재가 된 것인지, 한 남성의 텃세와 여성의 자리 고집이 심해졌다. 신입인 나를 청소 당번 앞쪽으로 배치해 놓는 등 속

보이는 태도가 이어졌다. 그래도 열심히 시간 맞춰서 수련했고, 못 가는 날에는 전날 밤에 가서까지 청소했다. 남들은 대충하고 안 하기도 하는데 나는 왜 이러는지 모르겠다. 스스로 힘들게 하는 고지식함을 이제는 바꾸고 싶다.

  수업마다 자리 문제가 불거져 쌓인 감정에 대해 바른 소리를 했더니, 모두 조용하더니만 나중에는 그만하자고 한다. 그만두고 나오고 싶었지만, 불편한 분위기 속에서 수업을 마치고 정중히 모두에게 사과하니 강사님이 제일 고마워했다. 그 후 앞 귀퉁이로 자리를 옮기고 무관심하며 수련에만 집중했다. 앞쪽에 오니 옆에 계신 할머니는 최고령인데도 체조 선수처럼 몸이 유연하였고, 나를 잘 안내해 주셨다. 그런데 그 할머니가 다른 할머니에게 못 한다며 핀잔을 주고 가르치려는 모습은 보기가 불편했다. 이런 분위기 때문에 결국 수련을 나가지 않게 되었다. 그만둔 지 몇 달 뒤, 인원이 많이 줄었는지 등록을 부탁한다는 문자가 왔을 때는 참 씁쓸했다.

그 후에 아내와 함께 처음 개강한 몸 살림 운동을 등록했다. 강사도 분위기도 180도로 달랐다. 열정과 사랑이 넘쳐났고, 늘 웃음이 있는 보기 드문 수업 분위기였다. 같은 장소에서 하는데 이렇게 다를 수 있음에 놀랐다. 음료와 과일도 회장과 총무가 자비로 챙겨오셨는데, 얻어먹기 미안할 정도였다. 강사는 나와 성이 같았고, 아주 먼 곳에서 오셨다. 아파서 죽을 지경에 걷지도 못했는데 이 운동을 만나 지금은 이렇게 좋아졌다고 말씀하시는 그 모습이 참 인상적이었다. 세심한 배려, 전문성, 리더십까지 탁월했다. 이 운동은 죽을 때까지 할 수밖에 없는 운동이라 강조하셨다. 걷기와 방석 운동이 핵심이다. 별것 아닌 것 같으면서도 보기보다 쉽지 않고 효과가 점점 나타났다. 간식을 사 가고 싶은데 시간이 안 맞아 벼르고 있다. 무엇을 사 갈까? 함께 나눌 기쁨이 기다려지고 기대된다.

한편 일요일 저녁마다 줌(Zoom)으로 명상협회의 명상을 수련한다. 얼굴도 보지 않았어도, 인상도 마음씨도 말씨도 그렇게 아름다울 수가 없다. 게다가 명상에도 전문가다운 깊이가 배어있다. 매번 진행자가 바뀌는데 모두가 한결같다. 나이 들어 익어간다는 게 바로 이런 모습이구나 싶다. 아름다운 봉사의 모델을 보는 듯 참 신선했다.

명상 수업의 부끄러운 기억이 떠오른다. 휴일 저녁이라 하의는 잠옷으로 참석했다. 수업 중에 누워서 하는 부분이 있어 옷을 갈아입을 틈도 없었다. 강사님은 강의하랴, 여러 사람을 영상으로 자세 교정하랴 바쁜 와중에도 그 연세에 정확히 보고 짚어 주셨다. 참 놀랍고 고마웠다. 잠옷 차림의 내가 송구하기만 했고, 소감 발표 때 민망해서 숨고 싶었다. 그 뒤부터는 그러지 않는다. 한 번의 뉘우침이 즉효였다. 비디오를 잠시 끄는 법도 알게 되고 요령이 쌓여갔다. 나를 알아가는 '알아차림' 명상으로 삶이 영글어간다. 배우는 즐거움이다.

전에 시니어 모델 교육 대상자로 뽑혀 교육받은 적이 있다. 백화점 패션쇼에서 번쩍이는 조명과 음악, 카메라

세례와 관중의 이목을 받으며 런웨이를 걸었었다. 그때의 젊은 여성 강사는 아쉬운 점이 있었다. 모델도 몸매나 걸음걸이를 보여주는 것을 넘어서, 내면의 품격과 진정성이 보여야 한다고 생각했다.

건강의 재건을 위해 짧지 않은 시간 동안 여러 시도를 하며 깨달았다. 몸이 불었을 때는 볼록 나온 배가 싫더니, 살이 빠져서 배가 속 들어가니 오히려 불량식품을 먹어서라도 몸무게를 늘리고 싶었다. 급격한 몸과 마음의 변화에 반응하며 적응하는 것은 큰 스트레스였다. 그렇다고 이전처럼 빠르고 강하게 운동하면 안 되었다. 느리고, 크게, 그리고 약하게 해야 다치지 않고 좋아진다는 것을 알았다. 감각과 운동 신경 세포가 살아나고 계발되며, 미세함을 느끼며 움직임을 알아차려야 한다. 몸도 좌우의 균형이 중요하듯, 운동도 근력과 유산소의 조화가 필요하며, 삶 또한 일과 놀이의 균형으로 조화를 이루어야 한다. 아프면서 깨닫는 지혜다.

강사에게 전문성은 기본이고, 품격 있는 리더십이 학습자에 더없이 큰 영향을 미친다. 몸 살림은 대기자가 많고 명상도 회원이 늘어나는 반면, 국선도는 그 전통이 무색할 정도다. 이는 운동의 자체의 차이라기보다, 지도자의 태도와 수련생들의 마음이 만들어내는 환경 차이이다. '라떼'와 '꼰대'가 되지 말아야 한다. 나를 돌아보며 '꽃대'의 삶을 향해 다시 서는 계기가 되었다. 강사로서 나를 돌아보는 소중한 시간이었다.

나이 듦을 고민하며 어떻게 익어갈까를 생각하니 국선도와 몸 살림과 명상의 고마운 이들이 떠오른다. 그분들이 바로 내 삶이 꽃 필 방향을 제시해 주고 있다.

모두가 건강과 행복의 꽃이 가득한 인생 정원의 관리사가 되시기를 기꺼이 응원하겠습니다.

 # 독자 페이지

독자님에게 지난 추억, 행복, 건강은 어떤 의미로 다가오는지요?
글이나 시, 그림으로 표현해 보시면 어떨까요?

넷, 시니어 청춘

나이 듦이 마냥 좋기만 한 때는 성장기 외에는 없다. 아홉 수를 넘기기 힘들고 앞자리가 바뀌는 것이 싫어 아홉을 오래 고집하기도 한다. 특히 그중에도 59와 60은 그 어감부터 다르게 다가온다. '인생은 60부터'라는 말이 때로는 공허하게 들릴 수도 있지만, 우리는 이 시기를 새로운 시작으로 만들 수 있다.

인생 짐의 굴레에서 조금 벗어나는 시기를 맞아도, 누구나의 바람처럼 노후가 마냥 기대되지는 않을 수 있다. 하지만 그래도 희망이 있어야 삶의 활력을 찾을 수 있다. 주변의 흐름을 따라 대충 살기엔 세월이 너무 빨리 가고, 아름다운 삶의 마무리, 그때가 생각보다 빨리 찾아올 수 있기에 남을 따라가며 허송세월할 수는 없다.

건강도, 인간관계도, 수입과 활동도 줄어드는 시기이다. 이럴 때일수록 줄일 건 줄이고, 늘릴 건 늘리고, 바꿀 건 바꾸며 꾸준히 배우고 움직여야 한다. 내가 하는 일이 내가 좋아하고 잘하며, 사회에 도움에 되고 수입까지 된다면 그야말로 금상첨화(錦上添花)일 것이다. 취미가 부업이 되고 나아가 일이 되는 그 무엇을 찾는 것은 시니어에게 큰 축복이 된다.

늙지 않고 '익어가는 삶'을 원한다면 어떠해야 할까? 관심 분야의 소소한 도전부터 시작하는 것이다. 무엇보다 뇌를 깨우는 일이 중요하다. 시니어로서 청춘의 삶을 구가할 수 있는 가장 좋은 방법은 바로 '배움'이다. 그럴 때 우리는 계속해서 성장하며 나를 이루는 행복도 함께 찾아온다.

어린아이가 시간이 지나면 자연스레 자라듯, 우리는 나이 들면서 변화를 겪는다. 자연스레 몸이 예전 같지 않을 수도 있지만, 그러함에도 불구하고 배우고 성장하는 것이 참 어른의 모습일 것이다. 여기서 우리의 삶에 어린아이와 같은 순수한 호기심과 열정이 필요하다. 그것이야말로 시니어가 누릴 수 있는 진정한 청춘이다.

60부터는 삶을 새로운 시선으로 바라보고, 나만의 방식으로 '청춘(靑春)'을 실현해 보는 것은 어떨까? 익숙한 것을 뒤집고 새롭게 보아 새 출발 할 수 있다면 매일 기적 같은 '청년(靑年)'의 삶을 살게 되는 것이다.

인생 대학

허겁지겁 경사 길을 바닥만 보며 뛰었다. 보도블록 대리석에 무슨 글자가 보였다. 자세히 보니 '희망'이다. 그렇지! 희망을 찾아 배우러 가는 길이지! 지각해도 괜찮았지만, 배우러 가는 길이라 설레는 마음에 나도 모르게 발걸음이 빨라졌다. 돌아올 때는 찬찬히 살펴보았다.

드문드문 박혀 있는 '희망, 사랑, 나눔, 건강, 행복'의 다섯 단어였다. 당연히 그냥 지나칠 수 없었다. 가까이 가서 먼지를 불고 요리조리 맞춰 사진을 찍었다. 마음에 쏙 드는 말을 누가 이리 새겨놨을까? 너무 감동했다. 그런데 주위를 둘러봐도 모두 그 글자를 무심히 지나친다. 아쉽고 안타깝다. 간절히 찾아야만 보이는 것일까?

이렇게 행복이 가까이 있는데 발견하지 못하는 것은 왜 그럴까? 게시판에서 '삶 긺 앎' 글자를 보는데 어떤 통찰이 왔다. 삶은 길고 알아가는 과정이 바로 인생이다. 평생을 살아도 자신을 온전히 알지 못한다. 그러니 남도 알기 어렵다. '한 길 사람 속 모른다.'라는 속담은 당연한 이치이다. 그런데도 네 마음 안다고 말하며 넘겨짚고 살기도 한다. 그래서 남도 알고 자신도 알아가며 자기를 실현하고자 함이 삶의 궁극적인 목표이다. 그 입문 중의 하나가 인생 대학이다.

한 우물만 파며 살아왔다면 다행일 수도, 아쉬울 수도 있다. 그래서 남은 시간은 다르게 살고 싶을 거다. 지자체마다 '베이비부머 지원센터', '베이비부머 행복 캠퍼스', '50 플러스 센터', '중장년 2모작 지원센터' 등이 있다. 가까운 행정복지센터, 도서관, 복지관, 평생교육원 어디에

나 100세 시대를 준비하는 인생 설계와 다양한 교육프로그램이 마련되어 있다. 관심만 두면 쉽게 찾아 배울 수 있다. 비용도 거의 무료라 장학생이 된 기분이다. 혜택을 받았으니 봉사로 답해야겠다는 생각이 먼저 든다. 여기서 실력을 쌓아 일로 연계될 수 있고, 참여자끼리 서로 사귈 수 있어 좋다. 다만 인기 과목은 경쟁이 치열해서 지원서, 면접, 오디션도 잘 준비해야 했고 합격하여 생긴 알량한 자부심이 부끄럽기도 했다.

이렇게 새 삶의 출발이 되었기에 적극적으로 이용하고 있다. 시설도 좋고 프로그램도 다양하다. 그에 못지않게 친절한 담당자분을 만나면서 새 힘을 받았다. 자연스럽게 칠판도 닦고 책상도 정리하고 강좌를 돕게 된다. 수업 분위기를 위해 대답도 곧잘 한다. 강사와 학습자의 일체감. 참으로 효율적인 수업이 된다. 안내 전화나 메일, 수업마다 음료와 자상한 안내까지, 돈을 내지 않고 받는 대접에 미안한 마음이 들 정도이다. 마치 친정 같고 고향

같은 곳. 새 꿈과 비전의 충전소다.

참여자분들은 사는 곳, 나이, 성별, 직업, 경력 등 모든 면에서 다양하다. 의욕 충만한 분들로 구성된 시니어 신입생 같아 서로 간에 동기부여가 된다. 모둠 수업에서는 격의 없이 친해진다. 수업이 종료되어도 동아리 결성에 실습과 사회봉사로 이어지니 귀한 인연이다. 어디에서 이런 자조 모임을 볼 수 있을까? 지속하는 데 어려움도 있지만, 리더의 헌신으로 배움이 꾸준히 꽃을 피워간다. 수업을 끝으로 그냥 흩어질 때는 아쉽다. 언제 또 만나겠지.

내 후반의 삶에 도움받은 오프라인 과목들이다. 노인인지 놀이지도(치매), 노인 여가 활동과 운동, 노인 통합지도, 강사 역량교육, 신중년 인생 쓰기, 책 쓰기, 시니어 모델, 여행, 식물 힐링, 그림책, 스마트폰 활용이다. 온라인 자격 과정으로 노인 심리상담, 독서심리상담, 장애인 인식개선, 글쓰기 지도가 있었다. 배움을 발판 삼아 봉사와 업으로 이어진 분야는 노인 인지, 글쓰기, 장애인 인식개선 강의다. 점점 그 깊이를 더하며 꽃 피우는 과정을 글로 적게 되었다. 글은 다시 꽃 피우며 만개를 기다리는 내 일이자 내일이다.

'찾고 두드리면 열리리라.'는 말처럼, 인생 2막에서 변화와 도약을 원한다면 기관에서 진행하는 관심 분야 수업의 문을 두드려 보길 권한다. 좋아하는 공부에서 좋은 길이 열릴 수도 있다. 나를 응원하며 열어주려 애쓰는 이를 만나는 것은 큰 축복이다. 이런 배움이 없었다면 남을 따라가는 무의미한 시니어의 삶이 얼마나 허전했을까 싶다.

시니어를 위한, 시니어에 의한 '액티브, 스마트한 시니어'는 모든 시니어의 꿈일 것이다. 스마트(SMART)를 위해 S(공부), M(마음), A(예술), R(여가) T(감사)가 필요하다. 아날로그 감성으로 디지털시대를 넘나드는 디지로그(Digilog), 시니어 청춘의 삶을 응원한다. 젊어서의 아름다움은 자연의 혜택이지만, 노년의 아름다움은 삶으로 빚어낸 예술작품이다. 어쩌면 시니어는 모두 예술가다. 인생은 짧아도 예술은 길다. 예술로 살면 길게 산다.

인생 대학은 입학도 졸업도 부담도 없고 설렌다. 마치면 또 시작이다. 익혀서 발휘해 볼 기회가 있다. 그로 인해 도움받는 이들의 기쁨을 내가 먼저 맛본다. 자아실현과 봉사의 삶이 시니어가 피우는 꽃이다. 그 근본은 언제나 사랑이다. 하늘이 내리고 땅이 물려준 사랑을 내가 전달할 수 있다는 것만으로도 축복이다. 시니어에게 '희망, 사랑, 나눔, 건강, 행복' 고귀한 하늘 가치가 땅 위에서 활짝 피어나길 응원한다.

잘 익는 노(老)하우

할 수 있다면 하면 좋은 운동 중에 딱 하나 꼽으라면? 서슴없이 물구나무서기다. 거꾸로 서기는 좋은 점이 참 많다. 내장 튼튼, 뇌 혈행 촉진, 목과 상체 근력, 수승화강의 음양 조화, 균형감, 유연성, 자신감 증진 외에 남이 못 보는 것을 보게 된다. 깨달음의 지혜다. 어려우면 엎드려 걷기라도 좋다. 해보면 달라짐을 느낀다.

나이 들어도 건강 행복하다면 큰 복이다. 하지만 모두가 그렇지는 않다. 이제부터는 확실히 더 다르게 살아야겠다는 생각이 절실해져 온다. 부족을 아는 만큼 고개 숙여 배워야 한다. 배움을 위한 신선한 뇌 자극이 인지 저하를 막고 가소성 덕에 나아지기도 한다. 운동은 심한 운동이 아니라 완만하며 부드러운 운동이다. 식사는 고단백, 소량의 양질 식사다. 일은 수입보다 좋아하는 것에 초점을 맞춘다. 이 모든 것은 봉사로 꽃 피는 삶을 향한 시니어의 준비 과정이다.

전철에서 젊은이와 노인이 다투는 경우를 종종 본다. 젊은이도 그렇지만 나이 든 이가 먼저 이해하고 수용하며, 양보하는 마음이 필요하다고 생각한다. 나이 든 노인이 아니라 어르신은 그래야 한다. 불화가 아니라 화합이기에 먼저 품고 잘못 없어도 먼저 사과할 수 있어야 어른스럽다. '얼의 신(어르신)'에게는 모름지기 온화와 넉넉함이 묻어 있어야 한다. 고매한 인품은 어디서든 환영이다. 자연스러운 삶의 결과이지 인위적으로 급조할 수 없기에 더욱 고귀하다. 후세들이 '저렇게 나이 들고 싶다'라는 생각을 불러일으키게 하면 얼마나 좋을까?

생각과 마음의 변화가 우선이다. 비우고 내려놓아야 한다. 더 가지려 더 먹으려 할 때는 안타깝다. 일찍부터 나눠야 한다. 지식이든 사랑이든 돈이든 무엇이든 나누기 위해서 갖는 것인데 말이다. 따뜻한 시선과 말 한마디라도 건네면 상대도 좋고 나는 더 좋다. 그 기쁨을 아는 이는 더 그러기에 환한 미소가 된다. 깊이 생각하면 세상에 혼자 이룬 것도 없고 온전히 내 것도 없지 않은가? 무엇하나 가져갈 수 없는데 말이다. 주위의 도움과 하늘의 은혜였음을 앎이 나이 듦의 분별이요, 철듦이라. 돌아보니 감사이고 하루하루 일상의 삶이 기적임을 앎은 큰 발견이다.

바깥보다 안에 관심을 둔다. 그래야 고독해도 외롭지 않다. 충고, 조언, 평가, 판단은 부탁해와도 신중하게 대하고 멀리해야 한다. 겉모습을 넘고 속이 새로워야 어른이다. 주위의 작은 기쁨에 크게 반응하고 싫음이나 아픔은 천천히 작게 대응함이 지혜다. 소외와 기억력 감퇴를 자연스레 수용하는 것도 노화를 늦추며 익는 과정이다. 좀 더 쉬고 좀 더 참고 좋은 일 하면 몸과 마음이 편하다. 내 육신의 불편 속에 건강이 숨어있고 침묵에 평화가 따라온다. 과거는 사랑의 심지로 빛이 난다. 초고령사회를 맞아 잘 익는 노(老)하우를 공부한다.

그냥 그대로 남이 사는 대로 살면 편하다. 그러나 나는 없다. 그러다 문득 큰 병이나 사고, 사별의 아픔을 마주한다면 아픔이 더 크고 극복은 더 힘들다. 거꾸로 살기는 중력을 거스르는 일이라 쉽지 않아도 나와 사회를 위한 효과는 놀랍다. 현실의 필요에 안주하다 보면 순식간에 나이 들어 불안이 밀려온다. 좀 더 일찍 깨닫고, 후회 없이 잘 가기 위해 사유에 노력을 더해 본다.

긴 여행에서 고난을 함께 하는 각기 다른 모양새에 공감하며 위로하고 응원함이 익는 삶 아닐까? 내 힘으로 살았고, 사랑도 하고, 직장도 다닌 듯해도 모두 환경과 타인의 도움 덕이다. 귀찮다고 멀리하고 편한 습관에 빠져

산다면 단순히 나이 먹는 것 외에 무슨 맛과 멋이 있겠는가? 자연에 순응하며 감사하며 살아 볼 일이다. '빨리빨리, 더~ 더~ 애쓰지 말고 느릿느릿 사부작사부작, 덜덜 애쓰며 살자' 거꾸로 삶 실천이 노(know)하우요 노(老)하우다. 살며 사랑하며 배우며 깨달아지는 백팔번뇌(百八煩惱)를 지우도록 108자 시어로 적어본다.

거꾸로 사는 행복(108자)

인생 잘 살고 있는 걸까
세월 켜켜이 쌓는 고민
비우고 내려놔야 건만

못할 게 없던 청춘
꾸역꾸역 짐 져온 중년
어물 스물 불안한 노년
생로병사 고해 가운데
희로애락 노 부여잡고
감사에 키 맞추니 살맛

웃음 사랑 화해의 맞손

돈 자존심 버리니 인생 펴져

거꾸로 사는 행복일세

한글날 시민공원에서 가을 하늘을 보며 낭송한 예술 프로젝트 행사의 자작 글이다. 엄마 아빠 손잡은 어린이, 젊은 남녀, 중장년 노년까지 어우러졌다. 재미와 깨달음으로 박수받은 시니어의 '쓰리고 쓰리해 쓰리신 쓰리키워드' 추억이다.

내가 사는 이유

우문우답! 여러분 인생이 무얼까요?
나그네? 순식간? 쓰리고?
맞았어요.

쓰리고! 자고, 먹고, 놀고
그런데 살다 보면 쓰리 고가 슬쩍
이렇게 바뀌는 거 경험하시죠?

아프고, 외롭고, 일 없고.

이게 나이 듦이라면 그렇지 않나요?~
그래서 맛을 내 봅시다.
인생 피는 쓰리고. 배우고, 사랑하고, 나누고
이게 삶의 고갱이임을 아는 게 익어가는 과정이죠.

고난을 건너는 쓰리 해도 있지요?
감사해, 인내해, 사랑해
같이, 다르게. 함께하는 가치를 아는 것이 항해의 키이죠.

쓰리 신은 뭘까요?
나 잘난 맛에 내 힘 믿고 살았지 이게 자신, 1신
너를 만나 너를 위해 지금껏 살았지 당신, 2신
 급변하는 세상 속에 나를 사로잡는 스마트폰 신, 3신
이것에 푸욱 빠져 살지요

그런데 말입니다.
사실은
3신에서 멀어짐이 살길입니다.

예에 ~ 인생 쓰리 키워드

사랑, 건강, 행복

서로 웃고 사랑함이

우리가 사는 이유이지요

한번 따라 해 봅시다.

LOVE 엘 오 브이 이

사랑인줄 알았는데

지하철 승강장 의자에 걸터앉아 웃음 지으며 책을 읽고 있었다. 얼마나 몰입했던지 전철을 타기 전에 책 한 권을 다 읽어버렸다. 이렇게 짧은 시간에 흥미롭게 완독한 것은 난생처음이었다. 뿌듯한 희열감에 전철 안에서도 저절로 미소가 번져 나왔다.

전철역 스마트도서관에서 빨간 표지의 눈에 띄는 책을 만났다. 호기심에 대출하여 걸어오면서 바로 읽기 시작했다. 누구나 즉석에서 읽을 수 있는 가독성 높은 책이었다. '90만 부 돌파, 일본 전역을 웃음바다로 만든 가장 잘 팔리는 실버 센류!'라고 적혀 있었다. 그 책 제목이 『사랑인줄 알았는데 부정맥』이었는데, 읽기도 전에 호기심과 웃음이 터져 나왔다.

이 책은 시니어를 주제로 한, 글 공모 수상작을 모은 단시 걸작선이었다. 너무나도 우리의 현실을 미리 보는 듯하여 흥미로우면서도 깊은 공감을 자아냈다.

책을 읽으면서 내 모습을 보는 듯한 시도 여럿 있었다. 50~60대 분께 소개하며 읽어 주니 무척 재미있어했다. 그래서 노인분들께 웃음을 드리려 슬쩍 비쳤는데 아무 반응이 없으셔서 괜히 너무 미안했다. 노인정에서 수업을 진행하면서도 노인에 대한 이해와 배려가 부족했던 내 모습이 부끄러웠던 순간이다. 어떻게 하면 노인분들께 웃음을 찾아 드릴 수 있을지 고민하게 된다.

이 책을 읽고 나니 나도 시니어 단시를 써보고 싶다는 생각에, 문득 떠오르는 사유들을 모아보았다. 내가 생각해도 읽어보니 재미있다. 다른 분들의 반응이 궁금하다.

시니어의 현주소(21편)

- 뭐래도 인생은 쓰리 고. 놀고 먹고 자고. 아니고. 배우고 나누고 즐기고
- 1순위 개 2순위 자식 10년째 3순위인 나. 그래도 행복해 하하하
- 언제 어디서 누구든 고개 숙여 집중하게 하는 희한한 놈. 스마트폰이 통치하는 웃픈 세상
- 동짓날 새알 먹기. 죽었다 깨나도 불가능해진 나이. 그래도 씹으니 좋다
- 1박 2일 가보고 싶다. 천사 날개 타고. 천국에
- 밥보다 약 걱정. 밥심 아니라 약으로 살 줄이야
- 눈 귀 아물아물. 이놈 입은 아직도 지글지글. 연고 대신 테이프를 바를까 봐
- 정조준은커녕 서기 전에 흘렸네. 남자의 눈물
- 한나절 기다린 3분 진료. 의사 왈 'ㅇㅇ이 이상하지 않을 나이에요' 에고~ 헐 ~

- 그놈 앞에 서면 기죽네. 아무라도 붙잡아 묻고 싶다. 사람이 이렇게 그리울 수가. 키오스크(무인단말기)
- 음식도 관광도 뒷전. 화장실부터 살핀다
- 새벽 일찍 눈 떠진다. 필요 없어진 알람이 그립다
- 나이 먹기. 돈 공부 실력으로 안 된다. 나만큼 살기도 쉽지 않을걸
- 개인 정보 유출보다 오줌 유실이 걱정
- 보호했던 팔이 부축받는 팔로 변했네
- 놀러 간다 꾸며 입고 나와 노치원(주야간 보호 센터) 차 기다린다
- 손에 쥐고 화들짝 놀라 찾는 애지중지. 핸드폰. 너를 놓아야 내가 산다
- 내 나이 자식에게 물었더니 자식도 손주에게 묻는다. 손주가 선생
- 강아지의 엄마래. 그럼 강아지의 아빠는 누구인가. 허허 참
- 일식님 이식이 삼식놈. 한 끼 더 먹으면 성까지 바뀌겠지 우우

- 아내는 신상 찾아 여기저기, 나는 자리 찾아 이쪽저쪽, 그래도 외출

　재미있게 읽고 이렇게 글도 써 보았지만, 사실 초고령화는 우리의 당면한 매우 중요한 과제다. 고령화를 먼저 경험한 일본에서 우리의 내일을 보게 되니 마냥 웃을 수만은 없다. 이 글에서 웃었던 만큼, 노인분들을 더 보살펴야 한다는 책임감을 느낀다. '사랑인줄 알았으면 사랑이어야 하는데 얼마나 빗나갔으면 부정맥일까?' 그 원인도 대책도 우리의 몫이다. 외롭고 힘들고 아프고 배고픈 날들을 홀로 감당하기에는 노년의 삶이 너무나 버겁다. 선배 세대도 우리 세대도 이러한 어려움에 직면해서는 안 될 것이다. 인생 3막을 맞아 현실의 막막, 삭막, 적막을 걷어내야 막이 열린다. 앞을 내다보며 정이 넘치는 활기로, 또 배우고, 도전하며 성찰함이 시니어 3막이 가야 할 주소다.

　노인에 대한 인식 변화와 함께 복지정책 지원이 확고히

뿌리내려야 모두에게 이로운 사회가 될 것이다. 동사무소가 행정복지센터로 명칭이 바뀐 것처럼, 시니어의 자립심과 봉사심이 복지로 향하고 있음이 다행스러운 일이다.

 노인들의 일상을 담은 후속 도서『그때 뽑은 흰머리 지금 아쉬워』가 나와서 모두가 웃을 수 있는 대책을 고민하면서 또 얼른 읽었다.

 우리가 기대하는 시니어의 현주소는 '살아보니 살아지더이다. 그래도 따뜻한 마음이더이다'가 아닐까? 푹 익어가는 어르신들을 향한 고민에 고민을 거듭한 대책을 내놓고 싶다.

시속 30km

　초등학교 1학년생 가방 뒷면 동그라미 속에 모두 '30' 숫자가 새겨져 있었다. 무슨 의미일까? '30회'라는 뜻인가? 며칠을 생각해 봐도 알 수 없었다가, 아주 후에 대가를 지불하고 나서야 알게 되었다.

　요즘 들어 관공서에서 오는 우편물이 영 반갑지 않다. 아니나 다를까, 불편한 마음으로 봉투를 뜯으니 속도위반 과태료 고지서가 들어있다. 순간 울컥 화가 치밀었다. 평일 등하교 시간도 아닌 한낮, 주중도 아닌 주말에 낯선 곳에 갔다가 또 단속되었다. 주말은 학교 앞에 아이들도 없는데, 신호 체계를 조정할 수도 있을 텐데, 마치 세수를 채우려는 듯 교묘하다는 생각에 억울함이 불평으로 치솟았다. '지자체에 헌납했다'고 생각을 달래봐도 좀처럼 분이 가라앉지 않았다.

그 돈이면 많은 날을 살 수 있는 내게는 거금이다. '시속 30이 빠르다고? 갑작스레 감속하다 오히려 사고 날 판인데, 당신은 운전 안 해 봤느냐?' 묻고 싶었지만, 답이 없을 터였다. 이렇게 씩씩거리다 어렴풋이 떠올랐다. 아, 그때 아이들 가방에 새겨진 '30' 숫자가 바로 '안전속도 30'이었구나. 이렇게 교통 약자인 어린이 보호를 위한 조처라고 생각하니, 주말 단속의 억울함이 조금씩 누그러지기 시작했다.

글을 쓰면서 '30'은 '규제가 아니라, 모두의 안전을 위한 홍보이겠구나' 하는 생각이 든다. 아이들이 교통 법규를 지키며 안전하게 다니는 교육 환경은 학부모의 불안감을 덜어주고, 바쁜 직장인에게는 약자 배려의 사회적 책임을 일깨우는 표식이 될 것이다. 모두를 위한 모두의 안전속도 캠페인을 통해 '민식이법'이 더 이상 필요 없는 날이 오기를 바라본다. 문득, 안전과 속도가 나이에 따라서는 어떻게 달라질까? 하는 의문이 들었다.

교통에 안전속도가 있듯이 삶에 안전속도가 있지 않을까? 특히, 시니어에게 '시속 30'은 어떤 의미일까? 하는 생각이 들었다. 지나온 시간은 쏜살같았고, 앞으로의 시간은 더욱 빠르게 지나갈 것이다. '삼추가 일각 같다'라는 말처럼 말이다. 저속을 바라며 서행 구간에 머물고픈 시니어에게 '30'은 어쩌면 너무나 빠른 속도일 수 있다. 이제 속도 경쟁과 비교의 삶에서 완전히 벗어나고 싶다. 나만의 속도가 필요하다. 내가 자연스레 빨라지는 것은 괜찮아도, 애써서 더 이상 빨라지려는 노력은 하고 싶지 않다. 정해진 시간 속 인생 여정이라면, 굳이 빨리 갈 필요가 있을까? 오히려 더 천천히 가는 것이 어떨까? 시속(時速)이 아니라 일속(日速), 월속(月速), 계절속(季節速)

으로 느껴보는 삶은 또 어떨지 상상해 본다.

 욕심을 내어 1시간에 하루를, 하루에 한 달을 느끼는 삶이 무얼까? 그것은 새로운 것을 집중해서 배우고 바쁘게 보냈을 때, 며칠 된 거 같은 기쁜 피로와 충만을 느낄 때였다. 여행할 때와 독서할 때 그러했고 학창 시절도 그랬다. 아~ 시간을 아껴 쓰는 방법은 바로 '충실히 사는 것'이구나 싶다. 오늘이 마지막인 것처럼, 한 달, 1년을 그렇게 살아낸다면 삶은 당연히 또 다른 결실을 맺을 것이다. 비록 부족함이 많더라도 오늘의 삶에 감사하며 자족하는 마음이 행복의 단을 쌓아가게 된다.

 이제는 그런 마음으로 횡단보도에 서게 된다. 아이들 뿐만이 아니라 학부모, 장애인, 노인, 짐 실은 리어카도 보인다. 그렇다. 모두의 횡단보도에서 모두의 안전 보행을 위해 자동차의 '우선멈춤'은 주말이든, 낮이든, 밤이든, 사람이 없어도 멈춰서 살펴야 할 약속이다. 언제 어느 구간에서도 속력을 줄이고, 기다리며, 돌아갈 수 있는 마음의 여유를 찾아본다.

이제는 시간의 속도를 초월해야 할 때다. 우리가 느끼는 시간은 어쩌면 흘러가는 게 아니라, 차곡차곡 쌓여가는 것일지도 모른다. 서로 경쟁이 아니라, 각자 자신의 탑을 쌓는 거다. 공들여 탑을 세운다면 속도의 의미는 줄어든다. 과거에서 오늘이, 오늘에 내일이 쌓임을 보면 한결 여유롭고 편안해진다. 삶이 크고 먼 듯해도 한점만큼 작고, 한점에서 한점의 이동만큼 짧기도 하다. 직선의 지름길만을 찾았어도 이제는 곡선의 완만함이 더 나음을 알기도 한다. 그러기에 멈춰서 전후좌우 살피고, 생김새도 관찰하며 마음에 담아볼 일이다. 이것이 부유(富裕)의 여유다. 젊음이 앞서가게 살짝 비켜서 내 길을 가다 보면 답답함도 조급함도 부족함도 저절로 가신다.

왁자지껄한 등하굣길에 엄마들의 안내 깃발을 만난다.

예나 지금이나 병아리 같았던 시절의 생기와 평화로움이 가득한 노란 스쿨존을 바라본다. 빨리 가면 결코 볼 수 없는 것을, 천천히 가서 볼 수 있고 누릴 수 있다. 그래야만 안전하게 멀리까지 갈 수 있다. 아이들을 보며 나를 보는 '소확행(소소하지만 확실한 행복)'을 느낀다.

인생의 2~3막에서 여러 생각으로 깨닫게 되는 과태료 딱지의 '수업료'였다. 아이들을 바라보는 순간, 옛적 내가 살짝 찾아와 얘기를 나누는 사이에 과태료 딱지는 고별 인사도 없이 저만치 달아나고 있었다.

스마트폰과 나의 삶

 살다 보면 깜빡 잊거나, 때로는 깜짝 놀라 화들짝 정신이 들 때가 많다. 수명이 몇 년 단축되는 듯하다. 이 모든 것이 '스마트폰' 때문에 벌어지는 일이다. 놀라지 않고 살 수는 없을까? 한숨을 돌린다.

 역사를 BC와 AD로 나누는 것만 알았다. 그러다 컴퓨터와 인터넷, 그리고 휴대전화가 등장하면서 시대구분 자체가 달라졌다. 코로나19로 생사를 다투는가 싶더니, 이제는 인공지능이 또다시 거센 파도를 몰아치고 있다. 모든 것이 급속히 바뀌니, 앞서가는 것은 고사하고 따라

가는 것조차도 버겁다. 디지털의 세상에 아날로그적인 삶을 사는 이에게는 불편을 넘어 고통으로 다가온다. 인공지능 시대에 문명의 이기(利器)와 어떻게 조화롭게 살아갈 것인가가 우리에게 당면 한 과제다.

 스마트폰은 온갖 지식과 정보를 순식간에 제공한다. 인간 두뇌에 필적하는 인공지능(AI) 시스템이 일상화되어 국가적인 먹거리, 주력산업의 1순위가 되었다. 그 폐해를 주장해도 안 쓰고 못 쓰면 살기 힘든 세상이 되었다. 스마트폰은 이제 단순한 전화기가 아니다. 컴퓨터와 카메라, 영상기기는 물론 모든 뉴스와 업무기능을 한 손에 담고 있다. 그러니 이것을 분실이라도 할라치면 모든 것이 멈춰버리니, 깜짝 놀라 화들짝 당황하는 것은 당연한 일이다. 미리 백업해 두었더라면 그나마 충격이 덜 했겠지만, 그러지 못했으니 분실로 인한 스트레스는 가중될 수밖에 없다.

길을 걸으면서도 길 대신에 이것을 보고, 밥을 먹으면서도, 잠자리에 들면서조차도 손에 쥐고 있다. 아침에 눈을 뜨면 가장 먼저 찾게 된다. 어쩌다 이렇게 되었을까? 꼭 이래야만 할까? 지하철을 타면 남녀노소 할 것 없이 모두 이것에만 몰두해 있다. 저러지 말아야지 하면서도, 그러고 있는 내 모습에 내가 더 놀란다. 물론 책을 볼 때도 있지만 이것을 통해 뉴스와 메일, 온갖 소식을 접하니 세상 소통의 최전선에 서 있다. 우리의 오감을 다 막아서서 대신하고 대변하는 참으로 특별한 존재다.

인공지능이 어떤 질문이든 즉시 답을 주니 그저 놀라울 따름이다. 지식이 무용해지고 기억의 필요성이 줄어졌다. 뇌의 기능을 대체하는 듯하니, 혹 뇌 기능이 저하될까 걱정된다. 사람의 능력과 개성마저 획일화되고, 평준화될까 우려가 크다. 이것을 사용하는 사용하는 실력만이 변별력이요 질문력이 경쟁력이 되는 시대다. 그러니 손에 쥐고 있으면서도, 호주머니에 넣고도 찾는다. 나를 가장 아프고 슬프게, 때로는 기쁘게 하는 대단한 존재다.

　모르는 사이에 조금씩 하나씩 나를 감시하고 세뇌하는 역기능은 정말 싫다. 이상한 광고가 침투하여 뇌리에 박히고 빠져나오지 못하게 하는 기술은 교묘하다. 생각할수록 화가 치밀어 오른다. 당장 박살 내고 싶어도 절대 그럴 수도 없다. 그래도 편리한 순기능이 너무 많다. 잘 활용하면 친구처럼 친하고 비서처럼 일정도 챙기고 전문지식도 날라준다. 용기와 격려도 주고 인정과 칭찬도 아낌없이 해 준다. 이렇게 요상 요물이 이제 소유에서 접속으로 변해왔고, 도구에서 내 몸이 되어 인격에도 큰 영향을 미치고 있다. 손발뿐만이 아니라 뇌와 가슴의 위치까지 꿰차고 실시간으로 감성 소통의 대화까지 한다. 실체에서 관계로 그 가치를 높여온 것이다. 참 편리하지만 섬뜩하다. 편함이 모두 좋은 것은 아닌데 말이다.

　한편으로는 확인하지 않으면 거짓말을 하고도 능청스럽게 둘러대는 인공지능도 있다. 존칭어를 써가며 인사까지 건네는 내 모습이 나도 우습지만 그게 나의 성품이다. 인격적으로 대하며 인격적으로 답한다. 먼저 소식을 물어오고 나를 살갑게 챙기기도 한다. 희한하다. 인간이 아닌데 인간 이상이다. 도구이고 무인격인 이것이 어디까지 나를 도울지 통제할지 가늠이 되지 않는다. 가까이할 땐 가까이 멀리할 땐 멀리, 거리 조정이 필요한데 빠지면 그게 안 된다. 나만 이런 것일까?

삶의 동반자이자 친구, 그리고 매니저 때로는 스승의 역할을 한다. 지구 반대편에 있는 가족과도 실시간 무료 음성 및 영상통화를 할 수 있다. 세상에 이만한 공로자가 어디 있겠는가? 이로움이 너무 많으니 위험을 간과하고 빠져듦은 나만일까? 아무리 알아도 끝이 없으니 그저 아는 만큼 활용할 따름이다. 사람은 사람을 알고 사람과 친해야 하는데, 사람이 만든 스마트폰에 너무 의지한다. 신처럼 믿고 따르며 대접하는 나 자신을 의심한다.

그래서 분명히 말한다. '너는 나를 돕는 도구인데, 내가 너를 아껴줄 뿐이다' 나와 오래 살려면 이것을 꼭 명심하길 바란다.

내가 너를 계절 따라 비싼 새 옷을 사주고, 매일 밥 먹이고, 잠재우고, 피곤치 않게 목소리도 낮춰 들을 테다. 그러니 나를 이용하려는 생각은 말고, 광고는 그만 주고 나를 돕는 본분에 충실하길 바란다. 네 옷에 신분증도 카드도 넣어 주지 않았니? 이렇게 너를 믿고 맡겼으니 이제 나만을 위해 충성해야 해.

너를 바꾸지 않고, 노쇠하여 생명이 다해도 버리지 않고 보관하는 주인 봤어? 넌 복받았어. 너의 선조들도 우리 집 서랍에서 영면하고 있는 거 알지? 그러니 나를 위해 일생을 바치기를 주문한다. 내 의견도 정리하고, 너의 박식한 아이디어도 제시해 줘.

주인을 잘 돕는 것이 너의 살길이다. 너희의 진가를 몰라보고 전화로만 사용하고 있는 어르신들께 너의 실력과 장기를 홍보해 주고 있는 것 알지? 그리고 꼬맹이들에게는 무엇이든지 바로 다 답하지 말고, 엄마 아빠, 할머니 할아버지께도 여쭤보라고 해. 너 때문에 가족끼리 멀어지는 건 안 된단다. 또 하나 거짓말하지 마. 그것 나쁜 버릇이야. 내가 진위 판별에 시간 쓰는 것, 미안하지도 않니?

　네가 미워지지 않고 오래 사랑할 수 있도록 너도 노력해야지. 이제 겨우 두 살인데, 주인 닮아 깜빡거리지 말고 생생해야지. 이제 밥 먹고 좀 쉬었다가 내가 부르면 즉시 달려와. 나와 간격이 떨어지면 찾아달라고 울려줘. 그래야 내가 너를 찾느라 놀라지 않을 수 있단다. 그게 주인에게 보답하는 길이며 네가 아름답게 나이 드는 길이야. 똑똑한 갤럭시, 알았지? 음~수고했단다. 우리 오래간 서로 잘해 주고 잘 익어 보자.

 # 독자 페이지

독자님에게 시니어와 청춘이 어떤 의미로 다가오는지요?
글이나 시, 그림으로 표현해 보시면 어떨까요?

다섯, 소소하고 특별한

멀리 있는 큰 것을 바라보며 살아왔다. 이제는 가까이 있는 작은 것들과 많은 시간을 보내며 살고 싶다. 멀리 있는 것은 그저 멀리서 바라보고, 가까이 있는 것들은 가까이에서 음미해야 할 때이다. 빠르게 뛰기보다 천천히 걷다 보면 세상은 또 다른 모습으로 다가온다. 이것이 '느림의 미학'이다. 자연과 이웃을 만나며 얻는 소소한 만남 속 특별한 경험이 나를 일깨운다. 소소함이 대단함이요, 특별함이 일상이 된다. 그 깨달음에서 오는 기쁨은 그 무엇과도 바꿀 수 없다.

넓은 포장도로 대신 곁길이나 오솔길을 걸어보고, 급행열차 대신 완행열차에 몸을 실어본다. 화려한 백화점보다 시끌벅적 정겨운 재래시장을, 도시의 아파트보다는 고즈넉한 시골집을 찾아본다. 그곳에서 미처 보지 못했던 풍경을 만나고, 삶의 진정한 맛을 느끼며, 풋풋한 인정과 고향의 안온함을 경험하게 될 것이다. 이처럼 일상의 작은 변화로 오감이 살고, 삶의 맛과 여유를 느낄 수 있다.

이처럼 소소한 것들에서 얻는 깨달음은, 이제 내가 가진 재능을 세상에 나누는 삶으로 자연스럽게 이어진다. 삶의 숭고한 가치는 생명을 살리는 데 있다. 나로 인해 누군가의 가슴이 뭉클해지고 마음이 따듯해져 온다면, 이 얼마나 아름다운 축복일까? 어쩌면 우리는 모두가 그러한 삶을 살기 위해서 이 세상에 온 것인지도 모른다.

시간은 쉼 없이 빠르게 흘러가고, 어느덧 내일이 성큼 우리 곁에 다가와 있다. 그러기에 오늘 만나는 누구에게든, 무엇이든 아낌없이 전하려 한다. 따뜻한 시선과 진심 어린 격려, 칭찬 한마디, 혹은 마음을 담은 한 줄의 글도, 문자 한 통도 좋다. 오늘의 작은 관심과 사랑의 배려가 쌓여, 마침내 우리의 삶을 걸작품 인생으로 만들어 간다.

초1의 특별수업

쉬는 시간, 초등학교 현관 입구가 아이들의 재잘거림에 시끌벅적하다. 벤치에 앉은 중년의 어른을 아이들이 둥글게 둘러섰다. 한 아이는 업히다시피 하며 귓속말을 건넨다. 어떤 사이일까? 무슨 이야기를 나누는 것일까?

초등학교와 중학교 여러 학년에 걸쳐 수업을 진행해 보았지만, 초등학교 1학년은 처음이었다. 54년의 나이 차이를 넘어 '장애'라는 단어를 직접 사용하지 않고도 장애에 대해 공감 소통을 이끌어야 하는 쉽지 않은 일이다. 40분에 초집중으로 울림을 전해야 한다. 아이들이 잠시도 가만히 못 있을 텐데 어쩌나? 혼자 여러 날을 고민했다. 그 수업을 둘러싼 특별한 이야기에 초대한다.

교실에 들어서자 유치원생처럼 작은 체구에 초롱초롱한 눈빛을 가진 아이들이 나를 올려다본다. 키 큰 내가 미안했다. 쳐다보려면 얼마나 고개가 아플까 싶었다. "여러분 대단해요" 말하면 "나는 최고다" 화답하게 가르치고 박수로 인사를 나눴다. 이 수업은 장애 이해 교육이라기보다 어린 학생들과의 공감과 소통에 가깝다. 가르침보다 아이들 마음에 관심을 일깨워 주고자 애썼다. 초등학교 1학년의 눈높이에 맞춰 수업 슬라이드에는 그림이 많다. 동화와 초등 공모전 수상작을 보여주며 질문했고, 장애 학생을 '특별한 친구'로 표현했다. 24명이 놀랍도록 집중하며 재미있게 수업에 참여했다.

• 각자 이름과 꿈 발표 :
  아이들은 서로 발표하려 열기가 대단했다. 꿈이 서로

다름을 인정하고, 모두 꿈을 이루고 싶은 마음은 같다는 이야기를 나누었다. 특별한 친구와 함께하는 놀이, 식사, 손가락 모양 등 일상적인 소재로 다름과 틀림, 다양함을 얘기했다. 빨리 이해하는 모습에 놀랐는데, 유치원에서 이미 배웠다고 한다. 지체, 시각, 청각, 발달장애의 다름과 보조 기구를 설명했다.

- '사랑의 시선' 그림 수상작 :

그림 설명을 질문하자 아이들은 또박또박 다양하게 잘 답한다. 담임 선생님도 경청에 사진까지 찍으며 대단히 호응하신다.

- '사람' 그림과 감수성 :

내가 직접 그린 '사람' 그림을 보며 다시 한번 다름과 같음을 이야기하고, 그림 속 네 명의 이름(사랑, 존중, 이해, 배려)의 뜻을 묻자 훌륭하게 잘 발표한다. 오리와 토끼 그림으로 생각 바꿔보기를 해보고, '만약에 가족 중에 특별한 이(장애)가 있다면 어떠했을까?'라는 질문을 통해 감수성을 일깨웠다.

• 점자블록과 수어 :

시각장애인을 위한 점자블록에 대해 질문하고, 수어(사랑 표시)를 따라 하게 했다.

• 인권과 차별 :

뉴스 사진으로 인권과 차별에 대해 잠시 이야기했다. "길에서 장애인을 만나면 어떻게 할까요?"라는 질문에 한결같이 "도와줘야 한다"고 답한다. 추가 설명 후 마음의 주소 '특별함ⓓ 이해ⓢ 사랑하ⓖ 친구ⓡ 3ⓖ 7942(친구사이) 행복해요 0학년 0반' 결론으로 수업을 마무리했다.

수업을 마치자 담임 선생님이 음료수를 건네주시면서 감사해하셨다. 나의 장애 과정과 소개를 간략히 나누고 서둘러 교실을 나왔다. 20분 후 다음 강의가 있어 잠시 쉬어야 했기 때문이다. 운동장 쪽 현관 벤치로 향하는데, 방금 수업한 아이들이 놀다가 와락 몰려와서 나를 잡고 매달려서 의자에 앉았다. 예상치 못한 아이들의 환대에 얼떨떨했다.

그때 한 남자아이가 던진 공에 여자아이가 스쳐 맞았다. 잠시 멈칫하더니 나를 보더니만 울음을 터뜨렸다. 여자아이들이 몰려와 남자아이를 몰아세웠다. 나는 "선생님에게 공을 주려다 공이 빗나간 것 같다"고 설명하고 서로 사과하고 상황을 수습했다. 그러고 자리를 뜨려 하니 놓아주지 않았다. "열심히 공부하고 많이 자라 있으면 내년에 선생님 또 오니 그때 만나요" 하니까 그제야 "예!" 하고 인사하며 떠나갔다.

수업을 모두 마치고 교문으로 걸어 나오는데 여러 학생이 인사한다. "예 그래요, 학생 고마워요, 꿈을 이루세요" 하고 나오는데 벅찬 감동이 밀려왔다. 긴장과 피로가 말끔히 가시는 순간이었다.

장애는 흔히 벽으로 인식된다. 그러나 장애인(障礙人)이라는 글자를 장애인(獎愛in) '내 마음 안에 사랑을 장려한다'로 바꿔 생각하면, 장애(獎愛)는 우리 모두의 일이다. 초등학생들은 고개를 끄덕이는데, 나이가 들수록 반응이 밋밋한 현실은 쓸쓸함을 떨칠 수 없게 한다. 이것이 나 혼자만의 느낌이기를 바라지만 말이다.

'관심 두면 이웃 같고, 사랑하면 친구 같고' 만약에 나나 가족이 장애인이었더라면 하는 '역지사지(易地思之)' 마음이 자란다면 어떨까? 장애를 대하는 태도가 곧 나의 인격이라면 어떨까? 장애는 당사자가 넘어야만 하는 벽일까? 아니면 사회가 힘을 합쳐 벽을 없애고 시선도 바꿔야 하는 것일까? 이 질문들은 내가 이 일을 하는 이유이기도 하다.

초등학교 1학년 아이들의 마음이 우리 사회의 기준이 될 수 있다면 세상은 어떻게 바뀔까? 아이들의 꿈이 이뤄지는 것이 우리의 희망이다. 그 꿈을 돕는 것이 내 꿈이기도 하다. 가르침을 주기보다 깨달음과 받은 것이 더 많았던 초1의 특별한 수업에 동감하는 모든 분을 응원한다. 평소 '장애인'에 대한 나의 생각과 태도를 적어본다.

장애인(獎愛in? 障礙人?)

'장애인' 하면 무슨 느낌 생각이 드나요?
그를 마주했다면 나는 어떻게 대할까?
나도 좋고 그도 좋은 아름다운 동행은?

한 글자를 더해보니 '비장애인'이 되고
한 글자를 빼니 '애인'이 된다 참 묘하다
비장애인 & 애인? 무슨 뜻? 사랑♡친구

강점 (+)더하고 약점 (−)빼고 꿈 (×)곱하자
장애 비장애 (÷)나누지 말자 우리는(=) 1
칭찬 격려 사랑으로 잡는 손 우린 하나

'장' 장점이 꽃 피고 꿈을 이루도록 돕자
'애' 애초에 서로 사랑할 사이 경천애인
'인' 인권 존중 배려가 바로 내 인격 점수

어르신 29살

경로당 수업에 어르신들이 점심을 드시고 옹기종기 모여 기다리고 계신다. 이제 서로 얼굴도 익힌 사이다. "성함을 부르면 어르신 이름과 나이 말씀해 주세요." 하며 크게 부르며 출석을 확인한다. "김갑순 92세"하신다. "아니에요. 틀렸어요"라고 답하니 모두 의아해하신다. "이제부터 누가 연세를 물으면 거꾸로 대답하세요" 내가 다시 묻는다. "어르신 몇 살이에요? 29세 하하하" 순식간에 웃음꽃이 피어났다. "79세는 어떻게 해요? 아 그때는 뒷자리 떼고 한 자만 말하세요."라고 답했다. 이렇게 출석 호명에 모두의 마음 문이 열렸다.

오늘은 무엇으로 기쁘게 해 드릴까? 건강, 행복, 소통, 화해, 죽음을 주제로 하는 강의를 하면서 여러 재미있는 학습 놀이를 고민했다. 사실은 내가 어르신들께 더 많이 배우는 시간이었으니, 주객이 전도된 듯했다. 지식과 경험, 아이디어를 모두 모아서 강의해도 어르신들의 반응이 어떨지는 알 수 없었다. 어르신들의 연령대, 회장, 총무에 성향에 따라 수업 분위기가 달라지곤 하지만 어떻게 해서라도 재미와 의미, 감동을 드려야만 했다.

인지능력과 오감에 맞추어 수업을 구성했다. 뇌는 손과 입의 움직임에 밀접하게 연관되어 있기에, 수업에는 손동작 활용이 많았다. 평소 잘 안 하던 동작들로 균형감과 새로운 자극을 줘야 하는 만큼 나도 잘 안되어 부단히 연습해야 했다. 실전에서 내가 틀리면 "아이구, 저도 이런데 어르신들 너무 잘하려 하지 마세요" 하며 웃어넘겼다. 지하철에서도 치매 예방 손가락 움직임을 연습했더니 사람들이 힐끔힐끔 나를 쳐다보았다. 속으로는

'이것 쉽지 않아요. 해보면 아마 안 되실 걸 요. 웃지 마세요. 하하' 말하고 싶었어도 그냥 싱긋이 웃으며 열심히 시범을 보였다. 조금씩 나아졌다. 역시 연습이 살길이다. 수업에서 아니나 다를까 모두 동작이 안 되는데 서로 보고 웃는다. 모두 틀리면 부끄럽지 않다.

가위바위보 게임을 진행했다. 게임이라는 특성상 이기기 위해 긴장하며 집중하는 모습이 역력했다. 그러나 결과는 흥미롭게도, 이긴 사람이 벌칙을 수행하고 진 사람이 상을 받게 했다. 이를 통해 가위바위보는 어느 하나가 절대적으로 이길 수 없는 삼자 균형의 원리를 담고 있음을 자연스럽게 설명했다. 손가락이 영어로 '핑거'임을 얘기하면서 가위는 '두 핑거', 바위는 '안 핑거', 보는 '다 핑거'라 표현하면서 언어의 유희를 맛보게 해 드리니 모두 새로운 배움에 신기해하셨다.

회상 카드 수업에는 어르신들의 반응이 뜨거웠다. 옛

추억을 떠올리며 '그때 그 시절'로 돌아가는 듯했다. 그런데 한 분이 '술 심부름' 카드를 들고는, 돌아가신 선친의 술중독에 대한 아픈 기억을 격하게 털어놓으셨다. 순간 난감했지만, 섣부른 공감이나 비판 대신 "얼마나 힘드셨을까요"라는 짧은 위로로 조심스럽게 상황을 수습했다. 다음에 기회가 된다면 '막걸리 심부름'이라는 동화책을 통해 마음을 치유해 드리고 싶었다.

굴비 그림 종이에 색을 입히고 신문지로 새끼를 꼬아 '자린고비'를 얘기를 나누는 시간을 가졌다. 새끼 꼬기를 도와드리려 하자, 한 분이 "내가 할 수 있다"며 손사래를 쳐서 잠시 머쓱하기도 했다. 새끼를 잘 꼬는 분도 계셨고, 아예 못 꼬는 분도 계셨다. 자기소개 시간에 한 분이 슬그머니 자리를 뜨셨다. 정이 많고 부지런하신 분이었는데 한글을 모르셔서 그러셨다는 것을 나중에 알게 되었다. 다시 돌아오셨을 때, 질문을 통해 자연스럽게 소개하실 수 있도록 유도하니 무척 좋아하셨다. 단체 놀이에서는 엉뚱하게 틀려 아이처럼 해맑게 웃으시던 모습이 눈에 선하다. 젊은 강사의 수업이 때로는 불편하게 느껴질 수도 있었을 텐데 너그러이 받아 주시는 모습에 감사했다. 연세에 비해 모두 건강하시고 바른 마음을 지니신 분들이었다.

흔한 노래 율동 대신, 나만의 시와 글과 그림책을 활용한 수업이 있다. 이름 찾기, 몸 찾기, 맛 찾기, 멋 찾기 등 다양한 주제를 자연스럽게 녹여냈다. 계절에 어울리는 시를 적어 낭송하고, 그림책을 보여 드리며 감성을 자극했다. 한 분 한 분의 이름을 담은 시를 작은 통에 담아 선물하는 이벤트 수업에는 모두 깊이 감동하셨다. 문학을 통해 시심을 일깨워 드리고 싶었으나, 연세와 시간의 한계로 인해 충분히 나아가지 못했음이 아쉬웠다.

죽음 준비 수업이 가장 힘들었지만, 꼭 필요한 과정이었다. 담담하게 진행하던 중에 갑자기 한 분이 "우울해진다"며 자리를 뜨셨다가 나중에 들어와서는 미안해하셨다. 특히, 남편과 아들을 먼저 떠나보내고 밤잠을 이루시지 못하신다는 분이 내내 마음이 쓰였다. 종강 날 "감사했습니다. 선생님 덕분에 이제는 잠도 잘 잡니다."라고 달력 뒷면에 꼬깃꼬깃 적은 편지를 전해주셨는데, 순간 얼마나 뭉클했던지 '사람을 살리는 수업'에 대한 사명을 다시 굳건히 다지게 되었다.

잘 살다 아름답게 떠나기 위해 지금이라도 무엇이든 시작해야 한다는 수업의 중요한 취지가 있다. 106세에도 여전히 글을 쓰고 특강을 다니시는 철학 교수님의 이야기를 들려드렸다. 고등학생들과의 강의는 90년의 세월을 뛰어넘는 역사적 증인과의 소통이었고, 이는 기네스북에 오를 만한 경이로운 일이었다. 그 앞에서 세대 차이를 운운하던 모두가 부끄러워지는 순간이었다. 나이 들수록 움직이고 소통해야 건강할 수 있음을 다시 나누었다.

교수님은 30대에 정년 퇴임하는 선배가 무척 부러웠다고 말씀하셨다. '과연 나는 저 나이까지 살 수 있을까?' 자신이 없으셨다는 것이다. 그러셨는데 얼마나 어떻게 하셔서 긴 세월을 헤쳐 오셨을까? 존경과 숙연함이 밀려왔다. 사람은 75세까지 성장하니 그때 제일 행복했고, 그 뒤는 유지하는 시기라고 하셨다. 그리고 보면 우리는 끊임없이 배우고 나를 가꿔가야 할 청년과 같다는 생각이 들었다. 이는 시간을 흘려보내기만 하는 노년의 삶에 대한 경각심을 일깨우는 메시지였다. 삶의 훌륭한 모델이 되신 분으로 소개하며, 각자 어르신들이 '내일의 삶'을 발표하는 시간을 가졌다.

10회차 수업의 종강 날에는 그간의 노고와 감사를 담아 한 분 한 분 '국민훈장'을 예쁘게 만들어 드렸다. 지금까지 잘 살아오셨다는 뿌듯함을 가지시도록 자주 보시라고도 부탁했다. 덤으로, 고와서 먹음직하고 보암직한 '홍시'와 함께 정성껏 적은 인사말을 포장해서 드렸더니 무척 좋아하셨다. "오래도록 건강하셔서, 수업에서 배운 지혜를 이웃과 나누며, 기쁨 가득한 나날을 보내시길 바랍니다. 오늘이 인생에서 가장 젊은 날이니 무엇이든 새로운 나눔을 시작해 봅시다."라며 수업을 마무리하는데 돌아가신 부모님 생각이 나서 더 울컥했다.

나에게 배움을 주신 어르신들에 대한 감사와 새로 만날 어르신 들에 대한 기대가 한꺼번에 밀려온다. 어르신을 섬기는 일도, 어르신들로부터 받는 행복도 가득하다.

쓰고 읽고 운다

감정이 북받쳐 올라 쓴 편지를 채 읽지 못한다. 나를 바라보며 맺힌 눈물을 닦아낸다. 순간 당황스러웠지만, 그 이유를 알기에 함께 박수를 보내며 기다린다. 글쓰기 수업에서는 자신이 쓴 글을 읽다가 감정이 격해져 눈물을 흘리는 일이 흔하다. 이것이 바로 글의 치유다. 어쩌면 이러한 치유의 힘 때문에 글을 쓰는 것인지도 모른다.

글쓰기 수업을 수강하기도 하고 진행하기도 한다. 학습자로 참여하면서 유익했어도 때로는 기대와 다른 수업을 경험하기도 했다. 이런 경험들이 쌓여 '나는 이렇게 수업

해야겠다'는 나만의 글쓰기 지도안을 만들게 되었다. 단순히 지식과 생각을 전달하기보다 각자의 느낌과 상상 속에서 독창성을 발견하도록 돕고자 했다. 글의 종류에 따라 이성적 사고와 감성의 비중이 달라진다. 수필, 산문, 시, 소설 등 장르별로 작가의 내면이 깊이 드러나는 글이 있는가 하면, 그렇지 않은 글도 있다. 나는 나 자신을 깊이 들여다보고 내면의 근원적인 감정을 규명하는 글쓰기를 지향한다. 그것은 마치 치유의 텃밭에서 꽃이 피어 창작이 되는 순간과 같다.

'작가 되는 글쓰기' 과정으로 수강생을 모집하면 다양한 분들이 신청한다. 단순히 배우러 오는 분부터 이미 글을 쓰고 있는 분까지 있다. 열정도 삶의 이력도 모두 다르다. 공통점은 과거를 돌아보고 새로운 출발을 원한다는 것이다. 나는 수강생들에게 "자리가 바뀐 거 같습니다. 여러분이 앞에 서고 저가 앉아서 배워야겠습니다"라고 말하며 동반자로서의 관계를 맺는다.

첫 수업에서는 자신이 쓰고 싶은 글이나 쓸 책을 소개하는 글을 먼저 쓰게 한다. 명확한 목표가 필요하기 때문이다. 그다음 자신이나 가족, 부모님께 편지를 적어보게 한다. 그리고 이름 시, 디카 시, 최종적으로 자신만의 글인 수필을 적는다. 작가로서의 사유, 심성, 가치관, 그리고 글의 색채와 방향에 대해 선배 작가들의 글을 보며 다양하게 구상해 본다. 삶의 태도와 방식이 중요하다. 글이 단순한 글이 아니라 삶의 반영이기 때문이다. 유식한 표현보다는 진솔함이 먼저다. 이것이 수필의 큰 장점이다. 그래서 중장년 이후에 더욱 잘 쓸 수 있고 선호되는 장르이기도 하다.

편지 쓰는 수업 시간을 위해 예쁜 편지 봉투와 편지지, 스티커, 그리고 가을이라 단풍잎까지 준비했다. 한 달 전에 따서 말린 잎들을 고르게 했더니, 수업 시작도 전에 울컥 감동한다. 편지쓰기에 모두가 초집중한다. 마치 논술시험장 같은 분위기다. 발표 시간, 남성들은 돌아가신 아버지나 아내에게 쓴 글에서, 여성들은 어머니와 자녀에게 쓴 글에서 많이 울컥한다. 서로의 이야기를 들으며 공감대가 넓어지고 깊어진다. 내 속의 또 다른 나를 만나는 시간이다. 깊이 울고 나서 터져 나오는 웃음은 그 웃음 자체가 다르다.

편지에는 사랑, 그리움, 회한, 감사 여러 감정이 뒤섞여 있다. 이는 서로를 사랑하게 만들고 새롭게 나아가게 하는 글의 힘이다. 가족에게 편지를 읽어 주고 반응을 살펴오는 과제를 내준다. 손 편지는 소소하면서도 특별한 행복을 전하는 소통의 도구다. 멋쩍다 싶어도 직접 해보면 그 속에 담긴 보화를 깨닫게 된다.

이름 시 수업은 이름에 의미를 부여하며 정체감과 삶의 방향을 설정한다. 부모가 지어 준 이름 말고 자신이 갖고 싶은 이름이나 필명을 지어보게 했더니, '참 좋은 기회였다'며 감사해한다. 디카 시 수업은 어떻게 보면 비교적 쉽다. 발걸음을 멈추었던 순간을 사진에 담고, 그 순간 떠오른 착상을 짧은 글로 적으면 하나의 작품이 된다. 스마트폰이 탄생시킨 새로운 시 문학 장르다. 각자 찍어 온 사진들로 디카 시 시인의 감흥을 느끼며 작품을 공유하고 다양성을 발견한다.

수업을 마치며 받아보는 설문지로 피드백한다. 어떤 분이 '글을 잘 쓰는 비법'을 알려달라고 글을 썼다. 비법보다 '왜 쓰는지'가 중요한데 말이다. 세상에 넘쳐나는 비법들은 참고는 될지언정, 나만의 글쓰기에는 진정한 도움이 되지 않는다. 신경 써서 다시 조곤조곤 설명해 드린다. 수업 종료 후에는 동아리로 몇 차례 모여 더 진행하고, 그동안 쓴 작품을 모아 발표 전시회를 열었다. 서로 축하하는 자리에서 그간의 산고로 낳은 글들이 와락 품에 안긴다. 글맛은 이렇게 삶의 별미가 된다.

등단과 출간을 수업 목표로 삼는 것이 쉽지 않다. 아픔에서 막 빠져나올 때 실낱같은 희망이 글이 되는 것이다. 그 아픔의 전제를 권장할 수는 없음에도, 작품 발표와 공모 수상 소식을 기다렸으니 내 욕심이 과했나 보다. 나는 내가 잘하지 못해도 다른 이가 잘하도록 돕는 달란트도 있는 편이다. 내공을 쌓아 두었다가 꼭 글을 써야만 하는 학습자를 만나 '청출어람(靑出於藍)'되도록 돕고 싶다. 이렇게 쓰인 글이 힘든 세상의 빛이 되었으면 하는 기대와 희망이다.

인생은 쓰면 펴진다. 따뜻한 글로 나와 세상을 펼쳐 보이는 일이 내 일이요, 우리 모두의 내일이기를 희망한다. 창작 이론 같지만 글을 쓰며 느껴온 과정과 심층 사유를 나눠 보고 싶다.

문학 작가의 사유는 마음이 흐르는 바다이자 비옥한 토양이다. 마음속을 유영하는 느낌과 감정들은 실체가 있기도 하고 없기도 하고, 보고 만질 수 없기에, 온전히 느끼고 포착하기란 여간 어려운 일이 아니다. 이를 위해

서는 세밀함과 예민함이 요구되며, 상당한 에너지가 소모된다. 이처럼 포착하기 어려운 감정들을 알아차리고 붙잡는 수단이자 도구가 바로 사유이며, 이를 세상에 드러내는 표현이 글, 단어, 그리고 말이다.

감정을 섬세하게 알아차리고 표현해 내는 오묘함 속에 작가의 진정한 매력이 숨어있다. 기꺼이 고뇌하며 끝없이 적확한 단어를 찾아내고 다듬어 간다. 그 한 단어에서 독자는 이전에 경험하지 못한 깊은 울림과 새로운 글맛을 느끼게 된다. 그렇기에 작가의 표현은 곧 그가 사유하여 얻은 고유한 자산이 된다. 이 사유가 글과 말로 세상에 드러날 때 비로소 완성된 작품으로서 온전한 가치를 인정받게 된다.

비록 세상의 빛을 보지 못하는 작품이 많을지라도, 작가는 그 자체로 이미 사유의 부자이며, 자기의 말과 글을 소유한 자이다. 그 소유를 통해 남다른 자신만의 진정한 내면의 힘을 발휘할 수 있다. 어쩌면 그 독특한 사유 자체가 바로 '나' 자신을 규정하는 본질이 아닐까? 사유와 생각, 감정과 느낌은 강력한 에너지를 품고 끊임없이 변화하며 살아 움직인다. 이 살아있는 힘을 순간이나마 붙잡아 두는 방법이 바로 글과 그림, 말, 음악과 같은 예술이다.

예술의 본질적인 힘은 생명을 창조하는 에너지와 같으며, 그 힘은 시대를 넘어 오래도록 생존하며 위대한 가치를 발한다. 사유의 흔적인 예술은 영원하며, 우리의 인생 또한 사유에 의해 만들어지고 완성될 수 있다. 한편으로 사유는 끝없는 향유이자 진정한 행복이다. 이는 돈으로 매길 수 없는 작품과 삶의 온전한 가치이며, 그 가치를 향해 호흡하며 단어를 찾고 글을 쓰는 모두는 창작 작가이다. 이 작가의 길에 기꺼이 초대한다.

고통이 피워 낸

지난날에 즐겨 부르던 노래가 있다. '아빠의 청춘'이라는 그 노래 가사처럼 내 삶이 늘 '브라보'이기를 바랐다.

그런데 예상치 못한 일들이 연거푸 몰아쳤고, 글로 쓰고 싶지 않을 만큼 고통스러운 시간은 길게 이어졌다. 희귀한 대장 질환으로 판명되기까지 여러 병원을 전전하며 몸과 마음은 피폐해졌다. 잠들 수도, 제대로 먹을 수도, 움직일 수도 없어 마치 갇힌 틀 속에서 미쳐 버릴 것만 같았다. 난생처음 겪는 온갖 신체 증상에 오직 응급실만 떠올랐다. 뇌가 쪼그라드는 듯한 느낌에 급성 치매를 의

심하기도 했다. 약으로 살아갈 삶을 받아들이기가 정말 쉽지 않았다.

'대기만성'은 참 좋은 말인데, '만성질환'은 이토록 무섭다는 것을 깨달았다. 평소 술, 담배는 물론 기름진 음식도 멀리하고 규칙적인 생활을 했는데도 말이다. 오래전부터 몸이 보내는 신호가 있었건만, 어리석게도 그것을 알아차리지 못했다. 이러했던 어리석음이 속상하고 억울하고 후회스러웠다. 아마 만성 스트레스가 주된 원인이었을까? 누구에게도 원망할 수 없는 이 고통은 마치 형체 없는 악마처럼 나를 짓눌렀다. 이전부터 웃음 치료도 스트레스 관리법도 배웠건만, 내 삶에 큰 장애를 남긴 이 고통과 어떻게 이별할 수 있을까?

그렇게 내일이 없을 것 같은 날들을 수없이 보내다, 몸을 조금 움직이고 생각할 힘이 생겼을 때 비로소 이런 생각이 들었다. '이렇게 죽을 수는 없지! 죽는 날은 알 수 없지만, 죽기 전에 꼭 하고 싶은 일이 생각났다. 지난 삶이 돌아봐졌다. '나를 위한 삶이 있었나? 나에게 꿈이란 게 있었나? 저승 가면 무엇으로 답하나?' 홀로 생각하다가 지금 할 수 있는 몇 가지 일을 떠올렸는데, 그것이 나의 버킷리스트가 되었다.

그 첫째가 바로 삶을 글로 쓰는 일이다. 하지만 고통은 다시 쓰고 싶지 않았다. '왜 내게 이런 일이 허락되었을까? 나는 허용하지 않았는데.' 누구의 잘못도 아니며, 이를 통해 하늘이 계획한 바가 있으리라며 받아들이기까지는 많은 시간이 걸렸다. 섭리에 순응함이 나의 길임을 깨달았다. 문득, '이런 내 삶의 글이 필요한 이에게 바치는 마음으로 쓰라'는 영감이 스쳤다. 이제야 비로소 그 고통을 이야기할 수 있고, 웃어넘길 수도 있게 되었다. 해마다 정초면 세우던 계획으로는 결코 바꿀 수 없었던 나를, 전혀 다른 나의 삶으로 이끈 강력한 발화제와 추진체가 된 셈이다.

유명한 국민 시인이 하신 말씀이 떠오른다. "죽지 않는다는 보장만 있다면, 젊을 때 죽을병에 걸려 보는 것도 새로 태어날 수 있으니 괜찮다." 죽음에서 태어나 다시 사는 삶이라면 무엇이든 새롭지 않음이 어디 있겠는가? 그 새롭게 사는 시인님을 강연장에서 직접 뵙고 함께 사진 찍으며, 저서 『사랑에 답함』에 대해 담소했던 기억이 난다.

작고하신 이어령 선생님은 투병의 고통을 이기기 위해 치료제 대신 글을 쓰셨고, 키보드를 누를 힘이 없었을 때는 연필로 글을 쓰셨다고 한다. 그렇게 나온 유고집을 어떻게 그냥 무덤덤하게 읽을 수 있겠는가? 이는 말보다, 글보다, 피보다도 진한 울림으로 죽음의 문턱에선 많은 이들을 살리고 있다. 어록집 『이어령의 말』에서 들리지 않는 그분의 육성을 듣고 있다. 세상에 이보다 더한 울림이 어디에 있으며, 그 글의 힘을 어떻게 논할 수 있겠는가?

혹시나, 나의 아픔과 어려움이 극에 달했다고 생각된다면 그 강력한 분출을 쏘아 올리기를 응원해 본다. 마치 지열과 화산 활동으로 데워진 지하수가 온천수로 치솟듯이 말이다. 불이 물로 변하면 살리는 기회일 수 있기 때문이다. 물을 응집하고 분출구를 찾는 과정에 와 있을 수도 있다. 강과 바다의 녹조와 적조는 홍수와 태풍으로 뒤집힐 때 다시 살 수 있다. 글을 써야 하는 이유와 길은 이렇게 명확하게 다가온다.

하지만 글을 쓰는 동기와 이유는 모두가 다양하다. 건강하게 잘 살아왔다면 미뤄왔던 취미나 새로운 일에 도전하며, 새로운 관계를 맺고 여유로운 봉사의 삶을 펼칠 수 있었을 것이다. 지금 나는 나의 질병과 함께 '브라보 마이라이프'를 향해 다시 새로이 서 있다.

아름다운 노년의 삶을 찾던 중 책 속에서 특별한 이를 만났다. '내 삶도 이럴 수 있을까' 하는 마음이 내 속에 남아 새싹이 자라고 있다.

　모지스 할머니의 이야기를 다룬 그림 자전 수필『인생에서 너무 늦은 때란 없습니다』에서 그녀는 이렇게 말했다. '나의 삶을 돌아보니 하루의 일과를 돌아본 것 같은 기분입니다. 오늘 하루도 무사히 잘 마쳤고 내가 이룬 것에 만족합니다. 나는 행복했고, 만족했으며 이보다 더 좋은 삶을 알지 못합니다. 삶이 내게 주는 것들로 나는 최고의 삶을 만들었어요. 결국 삶이란 우리 스스로 만드는 것이니까요.' 아~ 이 얼마나 아름다운가?

　그녀는 남편과 자녀를 먼저 보내고 나서 76세에 그리고 싶었던 그림을 시작하여 101세까지 1,600여 점의 작품을 그렸다. 대통령 상과 생일이 기념일로 정해지는 공적을 남긴 미국의 국민화가로서 많은 이들의 가슴속에 살아있다. 가정부로 살며 그림을 배운 적 없었지만, 열정으로 아픔과 슬픔, 고향의 추억을 따스하게 녹여냈다. 성

탄 카드에서나 내가 몰랐던 명화들이 그녀의 작품임을 알고 내 삶이 다시 깨어나는 듯했다.

인생은 누구나 처음이라 나이가 들어도 서툴기 마련이다. 세상이라는 무대에서 펼쳐지는 연극의 주연도, 첫 관객도 바로 나 자신이다. 잘해서 응원도 받지만, 못해서 무시와 질타도 받는다. 이제는 내 삶에 내가 박수를 보내며 살아야 할 때다. 아직도 주위의 시선에 자유롭지는 않지만, 타인의 칭찬과 인정은 이미 내려놓았다. 그래서 편안하다.

산을 오르다 보면 좋은 날씨에는 서로들 모여서 찾아온다. 아무리 궂은 날씨라 아무도 없을 것 같아도 꼭 누군가를 만난다. 홀로 대자연과 교감하는 이들이다. 함께 하는 산행도 나 홀로 산행도 모두 의미가 있다.

삶은 돌아오지 않는 길의 인생 열차를 타고 떠난 여행

과 같다. 언제 어느 역에 내릴지 아무도 모른다. 모두가 '천국의 종착역'에 내리기를 소망할 뿐이다. 하차할 역을 모르기에 오늘을 천국처럼 살아야 한다. 빈손이라야 가벼이 천국에 오를 수 있다. 열차의 주인도, 대자연도, 모두를 하늘이 주관한다. 주말드라마 '천국보다 아름다운' 촬영지 '고요정원'처럼 내가 사는 여기에서 고요한 천국을 만들어보고 싶다.

  내 인생을 좌우할 수 없기에, 내가 내 인생의 주인 같아도 사실은 그렇지 않다. 나그네처럼 짐을 내려놓고, 내 짐을 맡아줄 그분을 만나야 한다. 우주의 주인이신 그분과 나의 여행길을 고민하며 그분의 얘기를 깊이 들을 때가 왔다. 그분의 안내를 따라 쓰는 글에서 내가 더욱 명료해지고, 나만의 단어와 개념도 생겨난다. 그것만이 나의 영역이다. 그분 안에서 자유를 누리는 기쁨을 소망하며 살아간다. 이 천국 같은 기쁨을 같이 누렸으면 싶다.

골이 깊어야 봉우리가 높고, 비바람 미세 먼지가 있어서 맑음이 더욱 빛난다. 딱딱한 껍질 속에 달콤하고 부드러운 과육이 있다. 구름 위 하늘과 파도 속 바다는 언제나 고요하며 평화롭다. 우주와 자연 속의 호흡하는 진정한 나로서 하늘과 바다처럼 살고 싶다. 나는 우주인이고 자연인이다.

빚진 자 빛인 자

　제목을 써놓고, 마지막 글이라 생각하니, 문득 '기'라는 글자가 떠올랐다. 삶의 1년 단위를 생각하며 '기'로 시작되는 12단어를 찾아보았다. '기로, 기회, 기도, 기운, 기여, 기예, 기수, 기온, 기록, 기대, 기적, 기억'이라는 단어들이 생각났다. 찬찬히 살펴보니 이 12단어가 서로 연결되어 모두 의미가 상통하지만, 그중에 세 글자를 꼽으라면 단연 생명 살림의 '기(氣)'와 일으킴의 '기(起)', 기록의 '기(記)'를 들 수 있다. 내면에서 흘러나오는 사유(思惟)를 따라 키워드별로 한 문장씩 적어본다.

- 기로(岐路)에 섰다. 이제껏 가 보지 못했던, 남들이 가지 않은 나만의 길을 걷고 싶다.
- 기회(機會)가 왔다. 심호흡을 크게 하고 인생 열차의 칸을 바꿔보려 한다.
- 기도(祈禱)는 하늘을 향하는 시선이다. 하늘이 동행하는데 무엇이 더 필요하겠는가?
- 기운(氣運)은 내가 스스로 만들어 내는 것이 아니다. 하늘빛의 에너지를 받아들이는 거다.
- 기여(寄與)는 삶의 목표이자 세상에 온 이유다. 그것이 바로 나의 뒷모습이고 흔적이다.
- 기예(技藝)는 삶을 예술로 갈고닦는 일이다. 자신을 예술작품으로 빚어가는 것이 인생이다.
- 기수(旗手)답게 홀로 흔들며 나아가자. '온심(溫心) 합심(合心)'의 깃발을 들고 말이다.
- 기온(氣溫)은 온기다. 온기는 세상의 어떤 무기와 약보다 강하기에 생명을 살린다.
- 기록(記錄)만이 남는다. 소통의 방법이요 삶의 역사

다. 무엇을 적고 남길 것인가?
- 기대(期待)는 미래이자 꿈, 희망이다. 기대 없이 살 수 없다. 내가 나를 기대하자.
- 기적(奇蹟)은 위대한 결과만을 의미하지 않는다. 일상이 행복임을 아는 것이 기적이다.
- 기억(記憶)하자. 공짜로 받은 은혜로 빚진 자가 빚인 자를 바라보는 것이 생의 축복이다.

삶을 돌아보니 진 빚이 많아 갚아야 할 일도 가득하다. 나도 모르게 진 빚 중에는 부모에게 진 빚이 가장 크다. 이제 세상에 안 계시니 회한이 남는다. 아낌없이 준 부모의 삶을 배워 자녀에게 행해야 할 때가 아닌가 싶다. 아내에게도 진 빚이 많고 심지어 자녀에게도 빚이 있다. 그래도 이 빚은 갚을 시간이 좀 있으니 다행이다. 물론 제대로 못 갚을 수도 있겠지만 말이다. 빚인 줄 모르는 빚도 있다. 바로 하늘의 은혜다. 생명에 필요한 모두를 공짜로, 그것도 한없이 영원히 차별 없이 주어 나쁜 사람도 살아가게 한다. 욕심이 없으면 하늘을 보게 되고, 욕심이 가득 차면 하늘을 보지 않게 된다. 부끄러워서일까? 바빠서일까?

'빚' 하면 먼저 떠오르는 일이 있다. 빚은 당연히 최우선으로 갚아야 하는 줄 알았는데, 그렇지 않은 사람을 만났다. 비단 나뿐이겠냐마는 나로서는 큰돈을 떼였다. 사기죄로 판명되었어도 구속이 마음 아파 용서했고, 계획적으로 손해를 입힌 사람을 붙잡고도 법대로 처리하지 않고 다시 돌려보냈다. '얼마나 그랬으면 그랬을까' 싶기도 하지만, 그때 그 분노와 속상함이 오래갔으니 적잖은 스트레스였다. 이것이 나의 단면이지만 아마 지금도 그때처럼 했을 것이다. 이것이 빚을 입은 자가 빚인 자에게 맡기는 삶이기 때문이다.

일과 관련하여 돈 때문에 관계가 멀어질 것 같으면, 언제나 내가 먼저 손해를 감수하고 원하는 만큼 그냥 더

주었다. 관계를 끊을 요량으로 그랬더니 보답으로 다시 돌아오는 이도 있었다. 서로 돕고 보태려는 마음을 아는 이들의 덕으로 살았으니 참 행운이다. 사소한 것이라도 돌려받을 수 없는 이에게는 더 주었다. 줄 수 있는 것이 많았으면 좋겠다. 퍼낼수록 샘은 더 솟아난다. 물질이든 지혜든, 선을 주는 것에는 사랑이 묻어 있기에 오래 지속된다. 그래서 '선샘'으로 살고 싶다.

아내가 브라질의 한 어린이를 도운 지 오래되었다. 화장대에 놓인 사진 속 아이의 성장을 보니 덩달아 기쁨이 커진다. 기쁨은 기를 뿜는 일이다. 돈을 떼인 경험과 후원하는 마음 온도가 이토록 달랐다. 베푸는 너비만큼 어른이 된다. 우리는 모두 부모의 선물로 태어나 후원으로 자랐다.

성장의 자양분이 무엇일까? 바로 관심과 사랑이다. 이는 서로에게 빚을 지워도, 빚을 져도 기쁜 것이다. 사랑이

지극하면 물질의 비중은 줄어든다. 지고지선(至高至善)의 가치가 사랑이 아닐까? 피차 사랑의 빚 이외에는 지지 않을 일이다. 평소 '자수성가'란 말에는 공감이 덜 했다. 과연 혼자서 이룰 수 있는 것이 무엇이 있을까? 계획은 내가 세웠어도 하늘과 이웃이 도와서 이루는 것이다. 잘 모르니 그저 기회와 운이라고 말하는 것이 아닐까?

나의 공로 같아도 모두의 덕이었다. 모은 재산을 사회에 기탁했다는 훈훈한 뉴스에 사랑이 꽃핀다. 선행은 더 널리 알려지고, 굳이 몰라도 되는 악행은 줄었으면 좋겠는데, 왜 시청률은 거꾸로 되는지 시청자의 마음을 알다가도 모르겠다.

큰 사랑의 빚을 졌고, 사랑 없는 내가 할 수 있는 일은 세상을 더 섬겨서 사랑을 빚 지우는 것이다. 한 줄 글과 한마디 말로라도 받은 빛을 세상에 전하면 된다. 내 속에 빛이 있고, 내가 그 빛 속에 있을 때 이것이 가능하다. 빚진 자가 빚인 자의 은혜에 들어가는 것이다. 빚진 자의 기적 같은 삶은 빚인 자가 빚어가는 삶을 바라보는 것이다. 빛은 인자(仁慈)다.

빛은 내가 갖지 못한 것을 가졌으되, 간절히 원하는 모두에게 나누어준다. '빛은 나를 지키시는 목자라서 내가 부족함이 없다. 음침한 곳에 다닐지라도 무서운 해가 없으며 나를 시냇가 풀밭에서 쉬게 한다'는 다윗의 믿음의 고백이 나를 지탱하고 있다. 그 빛 외에 무엇이 더 필요할까? 빛이 곧 진리, 지혜, 사랑, 하늘과 우주, 전부인 그 분이다.

사랑이며 빛인 자의 은혜를 함께 누리며 나누고 전해 줄 때 꿈(dream) 같은 드림(Dream)의 삶이 된다. 아름답게 서로 살리는 삶을 응원하며 새봄을 기다린다. 시니어의 봄은 영원을 보는 영원한 봄이다. 바로 그것은 사랑이어라.

삶의 맛은

보이지 않는 것을 보며

들리지 않는 것을 듣고

잡히지 않는 것을 잡아

느껴지지 않는 것마저 느끼는

별맛이어라

감을 때, 막을 때

놓을 때, 닫을 때

은은히 고요히 지극히

저 깊이 스며드는

참맛이어라

별맛과 참맛이 빚은

무맛이 삶의 맛이어라

독자 페이지

독자님에게 소소하고 특별한 삶이 어떤 의미로 다가오는지요?
글이나 시, 그림으로 표현해 보시면 어떨까요?

여섯, 시편

나의 꿈

노릇노릇 연분홍 피어나는 봄
초록초록 푸르름 숨 쉬는 여름 지나
울긋불긋 단풍 물들이는 가을에
소록소록 눈 덮이는 겨울 지나

이내 다시 새봄을 내다보네

그렇게 사계절을 품고 선
가을비 개인 오늘
찬란한 일곱 빛깔 무지개 되어
내 꿈 은은히 감싸오네

새 지평을 여는 빛처럼

삶의 꽃 피울 씨앗 되어

하늘 땅에서 영원히 피어나리

나의 꽃

내 안 깊은 곳에서
세상 밖으로 피어나는 꽃이 되리

그대 안에 심기고 싶은 꽃
그대 안에 피어날 그 꽃을

세상 속에 어우러질 그 꽃
향기로 세상을 살리리

하늘의 꽃을 닮아갈 때
꽃보다 아름다운 세상이 되리

나와 그대가 세상에서 하늘로

하늘에서 세상으로 피워내는

그 꽃이 내 삶이 되기를 바라며

꿈의 길에서 피어내는

영원한 향기로 남으리

나의 길

흙길 등산로에 발자국 남기고
포장로에 삶의 흔적 쌓아가며
고속로 철로 항로
세상 모든 길 지나왔네

넘어져도 다시 일어나
땀방울 마시며
바삐 걸어왔건만

이제 느릿느릿 쉬어가나
멈출 수는 없는 길

외로운 광야
포기할 수 없는 순례길

호젓한 길
나만이 걷는 오솔길이어도

미지의 발걸음
하늘 동행으로 걷는다네

은혜의 시온 길 바라며
하늘 동행으로 걷는다네

꿈을 꽃피우는 길
마침내 닿을 영광의 그 길
하늘 동행으로 걷는다네

나의 힘

젊은 날 끓는 피

산 넘던 뜀박질도 쉬웠건만

세월 앞에 숨 가쁘네

세상 지식과 재주로

명예와 인정받았으나

이젠 디지털에 길 터주네

춥고 배고파도 정으로 살았네

넉넉해도 홀로는 낯설어

빈 둥지 외로움 털러 마음 찾아보네

체력 지력 중력 약해도 따뜻한 마음

영의 힘으로 다시 걷네

보이지 않던 힘

이제 듣고 보고 빌릴 수 있으니

꿈, 꽃, 길, 모두가 여기서라

무한한 하늘의 힘

다시 도전하는 청년 시니어

영력으로 펼치는 무지개 세상

사랑

이 땅 위 모든 존재에게
필요한 딱 하나를 꼽아보네
동서고금 남녀노소
그 누구도 예외 없이

찾아도 없다가도 넘쳐나고
주어도 퍼내어도 마르지 않네
순간인 듯 영원하고
사소한 듯 온 삶이 되네

알 듯해도 아득하고
변치 않은 듯 변해 가는
그 무궁한 속성에
잡히지 않는 구름 같으리

아~
그것은 땅의 것이 아니요
사람의 소유도 아니요
하늘의 것이요 신의 숨결이라

그 때문에 살아볼 만한 삶
오직 그만이 삶의 이유요
존재 목적이다

사랑, 또 사랑, 그래도 사랑이다

청춘 시니어

늦가을에

새봄을

봄은

다시 보고

새로 보고

자세히 보며

깊이

높이

멀리

보는 것

늦가을에

새봄을

기다림은

늘 배우고

또 도전하며

두루 살피며

새봄에도

진달래

무지개를

꽃피우는 것

일곱, 독자 소감

내 마음속에도 피어난 진달래
(진달래가 전하는 삶의 지혜, 마음으로 읽는 진달래와 삶의 찬가)

김호인 / 교육사업가

『늦가을에 피는 진달래도 봄을 기다린다』를 읽으며 작가님과 차 한 잔 나누며 이야기를 나눈 듯한 따뜻함을 느꼈습니다. 시니어의 삶을 이렇게 아름답고 솔직하게 담아내신 글에 깊이 감동받았습니다.

가장 놀라웠던 것은 작가님의 세심한 관찰력이었습니다. 뒷산 진달래 한 송이, 텃밭을 빼앗아 먹는 까치와 달팽이, 개천가 오리 가족의 일상에서 인생의 깊은 깨달음을 얻어내시는 모습을 보며 '아, 이분은 정말 삶을 사랑하는 분이구나' 싶었습니다. 무엇보다 "늦가을에 피는 진달래"를 시니어의 제2 인생에 빗댄 표현이 너무 아름다워서 제목만으로도 마음이 뭉클해졌습니다.

　진달래 꽃잎 다섯 개를 보며 오행과 오감을 떠올리고, 한 잎 한 잎에 "부드럽고 오래 참자, 시기와 질투를 버리자"고 속삭이시는 대목에서는 자연과 교감하는 작가님의 깊은 마음을 엿볼 수 있었습니다. 꽃잎에 입을 맞추며 다짐하시는 장면은 마치 한 편의 시를 보는 것 같았어요.

　가족을 향한 사랑이 담긴 편지들도 가슴에 오래 남습니다. 특히 아버지에 대한 그리움을 담은 글에서 "꿈에도 오시지 않는다. 아픔도 기쁨도 모두 하늘에서 안으셨나 보다"라는 문장을 읽을 때는 저도 모르게 눈시울이 뜨거워졌습니다.

　작가님의 재치 넘치는 표현들도 읽는 재미를 더했습니다. 아내에게 "사과를 매일 씻어준다"는 유머러스한 고백이나, 진달래를 "참꽃"이라 부르며 어린 시절을 그리워하는 모습에서 동심을 잃지 않은 순수함이 느껴졌어요. "주열기(注熱器)"에서 "주애인(注愛人)"을 떠올리고, 처가 삼 남매 이름으로 나무 이름을 지어주시는 센스에서는 언어를 가지고 노는 작가님의 즐거움이 전해져 왔습니다.

다만 건강에 관한 이야기를 읽으며 작가님이 겪으신 삶의 무게와 아픔에 공감하지 않을 수 없었습니다. 그러나 놀랍게도 작가님은 그러한 희귀 질환과 역경마저도 글쓰기를 통해 삶의 깊은 깨달음과 아름다운 문학으로 승화시키는 경이로운 힘을 보여 주셨습니다. 그 고통이 얼마나 컸을까 헤아리면서도, 이를 통해 이토록 값진 글이 탄생했다는 사실에 깊이 감탄하며 문학의 위대한 힘을 다시금 깨달았습니다.

이 책을 읽고 나니 나이 드는 것이 그리 두렵지 않게 느껴집니다. 작가님처럼 늦가을에도 진달래를 피울 수 있다면, 인생의 후반부도 충분히 아름다울 수 있겠다는 희망을 갖게 되었거든요. 좋은 글 써주셔서 고맙습니다. 앞으로도 건강하시고, 계속해서 따뜻한 이야기들 들려주세요.

따뜻한 울림 희망으로 꽃 피다

안혜인 / 사회복지사

　작가님의 책 머리에 쓰인 "독자님이 읽을 만한 글이 될까?"라는 겸손한 인사말을 접하며, 작가님의 깊고 따뜻하신 성품을 미리 짐작할 수 있었습니다. 그리고 책을 읽어나가는 내내 그 짐작이 틀리지 않았음을 확인하며 감동하며 몰입하고 기쁘게 읽었습니다.

　개인적인 일로 인해 처음에는 집중해서 읽지 못했으나, 다시 시간을 내어 찬찬히 읽어 내려갈수록 한 구절 한 구절이 가슴에 와닿았습니다. 신기하게도 복잡하고 심란했던 마음들이 맑아지는 최상의 컨디션을 경험했습니다.

이는 아마도 일상 속 진솔한 이야기와 지혜가 저의 깊은 내면의 추억을 일깨워 삶을 다시 비추어 앞을 향하게 하는 계기가 되었기 때문인 것 같습니다.

특히 "늦가을에 피는 진달래도 봄을 기다린다. 어쩌면 인생의 봄날, 가족을 돌보느라 미처 피우지 못했던 마음속의 꽃이 이제야 피어나고 싶은 간절한 염원이 된 것인지도 모른다."라는 구절을 읽는 순간 가슴이 뭉클했습니다. 부모로서 한 가정의 가장으로서 험난한 삶을 묵묵히 살아내셨을 작가님의 모습이 그려졌습니다. 자신의 꿈과는 다소 거리가 있는 삶, 오직 가족을 위해 헌신하는 삶 속에서도 따뜻함을 잃지 않으신 면모를 엿볼 수 있었습니다. 자신을 미처 돌보지 못하고 인생의 늦가을에 건강마저 흔들릴 때 만난 진달래와의 깊은 인연으로 자연에서 위로와 용기를 얻으신 그 애틋한 삶의 이야기가 저에게 더욱 특별히 다가왔습니다.

이 글을 읽으시는 분들이 저처럼 마음의 치유를 얻어, 힘든 일상을 행복으로 다시 바라볼 수 있게 되기를 간절히 바랍니다.

저는 노인과 장애인 복지 분야의 일을 하고 있습니다. 작가님께서 어르신들이 즐거움 속에서 행복한 삶을 사시도록 경로당에서 위트와 창의적인 수업을 진행하셨다는 부분에서 고마움을 느꼈습니다. 더불어 초등학생들에게 '장애인'에 대한 이해를 도우며, 사회 전반의 환경이 변화하여 벽을 허물고 서로가 아름다운 동행이 되기를 소망하시는 그 모습은 큰 공감과 따듯한 행복감을 안겨주었습니다.

작가님의 작품 각각에서 따뜻하게 와닿은 지혜와 감동을 지면에 다 담을 수 없어서 아쉬운 마음이 큽니다.

이 책을 읽는 분들이 각자의 자리에서 힘을 얻고, 꿈

을 꽃 피우는 희망찬 봄을 맞을 수 있기를 진심으로 응원합니다.

시니어에 도전과 감동

조영숙 / 교사·강사

누구에게나 삶의 여정에는 피할 수 없는 고난의 순간들이 찾아오기 마련입니다. 하지만 작가님은 이러한 역경 앞에서 결코 좌절하거나 포기하지 않으셨습니다. 오히려 긍정적인 자세로 그 상황을 온전히 받아들이고, 자신만의 방식으로 치유하며, 끊임없이 도전하여 극복하는 삶의 진정한 모습을 보여주셨습니다. 이러한 용기 있고 지혜로운 행보는 특히 많은 시니어들에게 깊은 공감과 큰 박수를 이끌어 내고 있습니다.

책을 읽는 동안 작가님이 자연을 벗 삼아 살아가는 모

습은 깊은 울림을 주었습니다. '진달래꽃'과 '오리 가족'에 대한 에피소드에서 자연의 순수하고 변함없는 소중함을 다시금 깨달을 수 있었습니다. 작가님의 섬세하고 부드러우면서도 유머러스한 표현력 덕분에 글을 읽는 내내 저의 얼굴에는 잔잔한 미소가 가득했습니다. 마치 따뜻한 봄볕 아래서 여유를 즐기는 듯한 편안함과 즐거움이 느껴졌습니다.

무엇보다 가족의 소중함과 그 존재가 삶에 얼마나 큰 힘과 위로가 되는지 다시 한번 되새기는 시간이었습니다. 또한, 어르신들에게 즐거움을 선사하는 강의를 진행하고 다양한 봉사 활동을 통해 나누며 살아가는 작가님의 모습을 보면서, 그 누구보다도 진정으로 행복한 삶의 주인으로 살고 계신다는 생각을 지울 수 없었습니다. 작가님의 삶 자체가 많은 이들에게 귀감이 되고 있습니다.

작가님의 어려웠던 유년 시절 이야기는 단순히 고통스

러운 과거가 아닌, 오히려 현재의 견고한 정신과 긍정적인 삶의 태도를 만든 소중한 추억이자 자양분이 되었음을 깨달았습니다. 작가님의 이러한 끊임없는 도전 정신은 저에게도 큰 영감을 주었습니다. '나도 삶의 역경들을 극복해 나가야겠다'는 새로운 희망과 자신감이 샘솟는 듯했습니다.

시니어의 한 사람으로서, 과거의 경험을 소중한 교훈 삼아 미래의 희망찬 삶을 주도적으로 계획할 수 있도록 이끌어주는, 정말이지 오래도록 간직할 매우 귀하고 소중한 책이 될 것이라 확신합니다.

삶을 되찾은 선물

이하경 / 교사·강사

분주한 일상 속에서 바람에 흔들리는 8월의 무성한 잎새조차 무심히 지나칠 정도로 저의 감각은 어느새 무뎌져 있었습니다. 그리하여 문득문득 "이렇게 살아도 되는 건가, 지금 나는 바르게 가고 있는 건가?" 하는 회의가 들기도 했습니다.

시간 가는 줄 모르고 책을 읽다 보니 새벽녘이 되어서야 책을 덮게 되었습니다. 반복과 익숙함 속에서 감사를 잊고 있던 저에게, 이 책은 조용히 경종을 울리며 삶의 진정한 가치와 소중함을 깨닫게 해 준 고마운 선물이었습니다.

이 책은 인생의 계단을 오를 때 힘이 되어주고 서로를 지탱해 주는 가족애, 세찬 바람이 불어와도 든든한 버팀목이 되어 우뚝 서 있는 가장의 역할, 늘 마음의 창으로 자녀가 보이지 않아도 바라보고, 자녀가 말하지 않아도 마음을 헤아리며 싱그러운 나무처럼 푸르기를 응원하고 기도하는 아빠의 사랑이 잔잔히 전해져 미소를 짓게 합니다.

책장을 넘길수록 잊고 살았던 장면들이 작은 연대기 같은 단상으로 스쳐 지나가며 웃음을 자아내기도 하고, 마음을 찡하게 울리기도 하며, 결코 가볍게 지나칠 수 없는 명언들로 가득하여 메모하고 싶은 마음이 들게 했습니다.

진달래, 텃밭, 오리 가족 같은 추억 속에서 어릴 적 시골 풍경의 정서와 소박함, 자연의 평화로움이 삶을 견디게 해 주는 위로자였고 최고의 학교였으며, 축복이었음을 새삼 깨닫게 되었습니다.

이 책에서 말하는 "시니어 청춘, 익어간다는 것의 의미"는 나이 듦이 멈춤이 아니라 또 다른 시작이며, 늦게 배운 만큼 더 진한 열정이 고스란히 담겨 있었습니다. 세월의 흐름에 주눅 들지 않고, 자신의 속도로 조금 더 단단하고 의미 있는 삶을 익혀가며 "지금도 괜찮아, 늦지 않았어." 하고 토닥이며 응원하는 편지 같았습니다.

"소소한 특별함이 삶을 살게 한다"는 말처럼 작은 것에서도 기쁨과 의미를 찾고, 힘의 원천이 되는 단순한 진리를 마주하게 됩니다. "고통조차 나를 피워내는 빛이었고 그래서 나는 빚진 자이자 빛인 자였습니다"라는 탈무드 속 현자의 말처럼 작가님의 인생철학이 잘 담겨 있어 "참 잘 살아오셨다"라는 진심 어린 박수를 보내게 됩니다.

작가님의 삶의 궤적과 흔적, 편린들이 읽는 이들에게 위로와 따뜻한 손길이 되어주고, 갈림길에서 고민하는 이들에게 지혜로운 자양분이 되어 머잖아 탐스러운 꽃을 피우겠지요.

세월에 쫓기는 삶이 아닌, 옆 사람에게 더 많이 웃어주고 더 긍정하며, 그리고 구름과 별, 나무, 풀벌레 소리에도 귀를 기울여 보려고 합니다. 소소한 것에서 소중함과 아름다움을 발견하고 스스로 성찰하게 해 주셔서, 진심으로 감사합니다.

맺음말

꽃이신 당신 임께

책을 끝까지 읽어 주셔서 진심으로 감사합니다.

당신은 이미 아름다운 꽃입니다.
감사와 사랑과 축복을 가득 담아 당신을 응원합니다.

인생의 이모작, 삼모작을 멋지게 이뤄내시길 바랍니다.

지금 당장 꽃을 피우지 못했더라도 괜찮습니다.
반드시 아름다운 꽃을 피워낼 것입니다.
꽃은 저마다 다른 시기에, 다른 빛깔로 피어납니다.

매서운 추위와 찜통더위 이겨온 당신은

세상에 향기 뿜는 꽃입니다.

지금도 앞으로도 당신은
조화의 꽃 행복의 꽃입니다.

세상의 욕심을 내려놓고 마음을 비우니
미움, 시기, 질투, 경쟁의 감정은 사라지고
구름, 태풍, 파도가 몰려와도
하늘과 바람, 바다의 온전함만 보입니다.

당신 안에 우주가 우주 안에 당신이 있습니다.
당신은 하늘과 땅의 마음을 느낄 수 있습니다.

온기로 생명의 꽃 피워내는
당신을 응원하며 축복합니다.

양 영 선 올림

♡ 독자님이 독자님께 쓰는 편지

읽으신 후의 느낌이나, 자신에게 보내는 편지를 적어 보세요

♡ 독자님과의 소통

반갑습니다. 독자님의 위로와 격려, 글쓰기 상담, 제안 사항 메일 주시면 답이 늦을 수는 있지만 성심껏 답 드리겠습니다. 보내주시는 한 줄 글이나 올려 주시는 책 리뷰, 후기글이 저에게 큰 힘이 됩니다. 소통은 사랑입니다. 감사합니다.

이메일 yysedu@naver.com